Affiliate-Marketing Entschlüsselt: Dein Weg zum Online-Erfolg

Starte Dein Online-Business ohne Kapital: Entdecke, wie Du täglich bis zu 150€ im Schlaf verdienst!

Es ist besser, einen Tag im Monat über sein Geld nachzudenken, als einen ganzen Monat dafür zu arbeiten *- John D. Rockefeller -*

KOSTENLOSES GESCHENK für DICH!

Schlage **jetzt** zu und erhalte als **KOSTENLOSEN BONUS - DREI ZUGABEN** zum passenden Kurs zu diesem Buch als Dankeschön für Dein Interesse!

Besuche **https://wolfgangsaris.com/go/kursaff-bonus oder scanne den QR-Code, um Dir Deinen BONUS zu sichern!**

https://wolfgangsaris.com/go/kursaff-bonus

Inhaltsverzeichnis

KOSTENLOSES GESCHENK FÜR DICH!..1

EINLEITUNG 4

   EIN ZWEITES STANDBEIN AUFBAUEN - GELD VERDIENEN IM INTERNET 4

   WAS GENAU VERBIRGT SICH HINTER DIESEM BEGRIFF? 5

   ZIEL DES BUCHES 8

KAPITEL 1: DIE GRUNDLAGEN DES AFFILIATE-MARKETINGS: EIN UMFASSENDES VERSTÄNDNIS 10

   1.1. WAS IST AFFILIATE-MARKETING UND WIE FUNKTIONIERT ES? 10

   1.2. DIE IDENTIFIKATION MIT AFFILIATE-MARKETING 11

   1.3. DAS EINKOMMENSPOTENZIAL IM AFFILIATE-MARKETING 12

   1.4. ZEITAUFWAND IM AFFILIATE-MARKETING: WIE VIEL SOLLTEST DU INVESTIEREN? 13

KAPITEL 2: MINDSET UND MOTIVATION: GRUNDSTEINE DES ERFOLGS 14

   2.1. ENTWICKLE DIE RICHTIGE GEISTESHALTUNG FÜR DEINEN ERFOLG 15

   2.2. ZIELE GROSS STECKEN UND VERANTWORTUNG ÜBERNEHMEN 17

   2.3. LERNE AUS FEHLERN UND GEHE GESTÄRKT HERVOR................................19

   2.4. GEDULDIG BLEIBEN UND DEN WERT VON BESTÄNDIGKEIT ERKENNEN 21

KAPITEL 3: DIE WAHL DEINER NISCHE: FINDE DEINE LEIDENSCHAFT 25

   3.1. BEDEUTUNG UND VORTEILE EINER SPEZIALISIERTEN NISCHE 25

   3.2. DIE RICHTIGE NISCHENWAHL: TIPPS UND TRICKS...................................27

   3.3. KENNEN UND VERSTEHEN DEINES ZIELMARKTES 28

KAPITEL 4: BRANDING UND REPUTATION: BAUT EINE STARKE MARKE AUF......31

   4.1. GRUNDLAGEN DES BRANDINGS: WAS ES BEDEUTET UND WARUM ES ZÄHLT 32

   4.2. DEINE MARKE DEFINIEREN UND POSITIONIEREN 34

   4.3. DER VISUELLE AUFTRITT DEINER BRAND: LOGOS, FARBEN UND DESIGN.................36

KAPITEL 5: ERSTELLUNG VON INHALTEN, DIE VERKAUFEN: DEIN WEG ZUR CONVERSION 37

   5.1. STRATEGIEN ZUR GENERIERUNG VON CONTENT, DER ANKOMMT 38

   5.2. DIE ZIELGRUPPE MIT DEINEM CONTENT ERREICHEN 41

   5.3. DIVERSIFIKATION DEINER CONTENT-FORMATE FÜR MEHR REICHWEITE.................44

KAPITEL 6: MARKETINGSTRATEGIEN, DIE WIRKEN: BEKANNT WERDEN IM NETZ **47**

6.1. ERSTELLUNG EINER EFFEKTIVEN MARKETINGSTRATEGIE 48

6.2. MARKETINGKANÄLE: AUSWAHL UND NUTZUNG 51

6.3. DAS PRINZIP DER RELEVANZ: 80% MEHRWERT UND 20% PROMOTION 53

KAPITEL 7: TRAFFIC IN EINNAHMEN UMWANDELN: TIPPS ZUR MONETARISIERUNG **56**

7.1. DIE BESTEN AFFILIATE-PROGRAMME FÜR DICH 56

7.2. OPTIMIERE DEINEN CALL-TO-ACTION FÜR HÖHERE CONVERSION 57

7.3. MOBILE NUTZER IM BLICK: OPTIMIERUNG FÜR SMARTPHONE & CO 58

KAPITEL 8: ANALYTICS UND MESSBARKEIT: DEINEN ERFOLG VERSTEHEN **59**

8.1. TRACKING-TOOLS UND IHRE BEDEUTUNG FÜR DEIN BUSINESS 60

8.2. DATEN AUSWERTEN UND ZIELGERICHTET HANDELN 61

8.3. ENTSCHEIDUNGEN AUF GRUNDLAGE VON ANALYTICS TREFFEN 62

KAPITEL 9: TRENDANALYSE UND MARKTBEOBACHTUNG: IMMER AM PULS DER ZEIT **63**

9.1. TRENDS FRÜHZEITIG ERKENNEN UND NUTZEN 63

9.2. BESTIMME DIE RELEVANZ VON TRENDS FÜR DEINE NISCHE 64

9.3 REAKTION AUF ABFLACHENDE TRENDS UND MARKTDYNAMIKEN 65

KAPITEL 10: FALLEN UND FEHLER VERMEIDEN: LERNEN FÜR DEN LANGZEITERFOLG **66**

10.1. HÄUFIGE HÜRDEN UND WIE MAN SIE MEISTERT 66

10.2. DIE WICHTIGKEIT EINES BUSINESSPLANS IM AFFILIATE-MARKETING 67

10.3 BEDEUTUNG UND AUFBAU EINER E-MAIL-LISTE 68

KOSTENLOSES GESCHENK FÜR DICH! **70**

SCHLUSSWORT **73**

ZUSAMMENFASSUNG **75**

LINKLISTE **76**

ÜBER DEN AUTOR **79**

COPYRIGHT **81**

Einleitung

Ein zweites Standbein aufbauen - Geld verdienen im Internet

Stell Dir vor, Du sitzt in Deinem Lieblingssessel, umgeben von der ruhigen Atmosphäre Deines Arbeitszimmers. Draußen ist es still, und der einzige Lichtschein kommt von Deinem Computerbildschirm, der die Zahlen Deines wachsenden Affiliate-Marketing-Geschäfts zeigt. Dies ist der Moment, in dem Du realisierst, dass Deine harte Arbeit, Deine sorgfältige Planung und Deine Ausdauer beginnen, sich auszuzahlen. Es ist der Moment, in dem Du erkennst, dass Du nicht nur anderen hilfst, informierte Entscheidungen zu treffen, sondern auch aktiv an der Gestaltung Deines eigenen Traumlebens arbeitest.

Affiliate-Marketing ist nicht nur eine Geschäftsstrategie, es ist eine Reise der persönlichen und beruflichen Entwicklung. Es ist eine Arena, in der Du Dein Wissen und Deine Leidenschaft nutzen kannst, um eine Karriere zu gestalten, die Deinen Vorstellungen von Freiheit und Erfolg entspricht. Doch wie navigiert man durch diese komplexe Welt? Was unterscheidet diejenigen, die in diesem Bereich erfolgreich sind, von denjenigen, die ihre Ziele nicht erreichen?

In diesem Buch wirst Du eine umfassende Einführung in die Welt des Affiliate-Marketings erhalten. Wir werden zusammen die verschiedenen Facetten dieses faszinierenden Geschäftsmodells erkunden und Dir die Werkzeuge an die Hand geben, die Du benötigst, um erfolgreich zu sein. Von der Ausarbeitung Deiner Strategie über die Erstellung ansprechender Inhalte bis hin zum Aufbau einer authentischen und widerstandsfähigen Marke – dieses Buch wird Dir dabei helfen, die notwendigen Schritte zu unternehmen, um Dein Affiliate-Marketing-Geschäft erfolgreich zu gestalten und zu skalieren.

Affiliate-Marketing bietet Dir die Chance, Deine beruflichen Träume in die Realität umzusetzen. Es ist ein Weg, der Mut, Kreativität und Engagement erfordert, aber auch eine Welt voller Möglichkeiten eröffnet. In diesem Buch wirst Du lernen, wie Du diese Möglichkeiten nutzen kannst, um Dein eigenes, erfolgreiches Affiliate-Marketing-Unternehmen zu gründen und zu führen.

Was genau verbirgt sich hinter diesem Begriff?

Das Wesen des Affiliate-Marketing besteht darin, dass Du als Affiliate (Partner) auf Deiner eigenen Website und/oder über Deinen eigenen Blog Produkte von fremden Händlern oder Unternehmen bewirbst und im Gegenzug dafür eine vorher festgelegte Provision erhältst. Das Affiliate-Marketing gehört zu den Bereichen des Online-Marketings und speziell des Performance-Marketings, welches auf Grundlagen von Daten arbeitet.

Wie nun aber einsteigen in das Geschäft und zu einem richtigen und vor allem erfolgreichen Affiliate werden? Bevor wir Dir diese Frage beantworten, möchten wir Dir zunächst die Angst vor dem Unbekannten nehmen. Denn, diese ist völlig unbegründet, wie Du dem nachfolgenden Text entnehmen kannst.

Um ins Affiliate-Marketing einzusteigen, bedarf es keinerlei Vorkenntnisse, keiner besonderen Qualifikation und keinen speziellen Informatikkenntnissen. Somit kann ausnahmslos jeder, der über die technischen Voraussetzungen eines Computers, Laptops, Smartphones oder Tablets sowie eines Internetzuganges verfügt und zum Lesen und Schreiben in der Lage ist, zum Online-Affiliate werden. Besondere Schreibfähigkeiten oder -kompetenzen sind dabei ebenfalls nicht erforderlich, aber natürlich von Vorteil. Letztlich musst Du immer bedenken, dass Du vor allem über Deine Textbeiträge Überzeugungsarbeit leistest. Doch, wenn Du hierbei einige Tricks anwendest und Dich an bestimmte Regeln hältst, wirst Du diese Voraussetzung in jedem Fall erfüllen können. Wer noch höhere Ansprüche an sich und den zu erwartenden Gewinn hat, kann zu einem Super-Affiliate werden, also einem Anführer in Sachen Affiliate-Marketing. Damit kannst Du Dich von anderen abgrenzen und noch mehr erreichen. Das Geheimnis des Erfolges liegt darin, dass Du etwas anbietest, was andere nicht haben und Dich so aus der breiten Masse hervorstreichst. Geht es beispielsweise darum, ein bestimmtes Produkt zu bewerben, heißt es kreativ zu sein: Warum nicht ein peppiges Quiz entwickeln anstatt nur gewöhnliche Werbebriefe zu versenden? Als Super-Affiliate heißt es, innovative Ideen zu entwickeln und allen anderen in Sachen Kreativität immer mindestens eine Nasenlänge lang voraus zu sein.

Oftmals scheitern Affiliate-Marketer daran, dass sie über zu wenig Erfahrung im Direktvertrieb verfügen. Den Super-Affiliate kann dies aber nicht zurückschrecken. Er ist bereit, sich voll und ganz in die Sache hineinzuknien und ehrgeizig darin, alles über seine Produkte zu lernen, bis er sich schließlich zum Experten in eigener Sache und auf seinem Gebiet erheben kann. Dazu gehört auch der unbedingte Wille, profitabel zu agieren. Deshalb geben sich Super-Affiliates auch nicht einfach mit einfachen Traffics und Besucherzahlen zufrieden. Sie wollen mehr und erwarten eine Rendite, die angesichts der von ihnen investierten Zeit, Mühe und finanziellen Mittel angemessen erscheint.

Entscheidend für den Erfolg des Super-Affiliates ist es, eine proaktive und möglichst nachhaltige Kundenbindung zu erzielen. Möglichst jeder Kunde sollte zu einem Stammkunden werden, immerhin sind sie es, die sich am zuverlässigsten für die beworbenen Backend-Produkte interessieren und die gegebenen Empfehlungen für sich zu nutzen. Wer einmal zufrieden ist, bleibt meist loyal. So einfach dieses Erfolgsrezept klingt, so wirksam ist es auch!

Doch auch im Bereich des Marketings und der damit verbundenen eingesetzten Kosten ist der Super-Affiliate seiner Konkurrenz weit voraus, denn er weiß, wie man ein Produkt zwar gut und erfolgsorientiert bewirbt, dafür aber nur ein Minimum an Werbebudget verbraucht. Hier kommt ihm wiederum seine Eigenschaft zugute, stets gewinn- und profitorientiert zu handeln. Dazu verhilft ihm seine ausgesprochen gute Analysefähigkeit. Mithilfe von Split-Tests untersucht er sorgfältig, was eine Werbeanzeige gegenüber einer anderen ausmacht, um erfolgreicher als diese zu sein. Sobald er zu einer Erkenntnis gelangt, versucht er dieses Wissen unmittelbar umzusetzen und auf andere Anzeigen zu übertragen. Daneben hält der Super-Affiliate aber auch das Kundenverhalten stets im Auge. Anhand ihres Traffics ist es ihnen möglich, Statistiken einzusehen, aber auch das Kaufverhalten der Nutzer im Auge zu behalten. Sie haben einen guten Einblick darin, bei wie viel Prozent der Besucher letztlich auch ein Verkaufserfolg zustande kommt. Auch die Erzielung eines profitablen ROIs liegt ihm sehr am Herzen.

Wenn auch Du das ganz große Ziel anstrebst und Dich nicht mit dem Mittelmäßigen zufriedenstellen möchtest, lerne zu denken und zu handeln wie ein Super-Affiliate. Beginne, eine Leidenschaft für die Zahlen zu entwickeln, sie zu lieben und sie für Dich sprechen zu lassen. Das Erfolgsmodell eines Super-Affiliate ist dabei im Grunde genommen denkbar simpel und besteht darin, den Erfolg zu replizieren. Ein einmal gefundenes Erfolgsrezept, wird als solches festgehalten, an die jeweiligen Bedürfnisse und Ziele modifiziert, evaluiert und letztlich erneut angewendet. Ein beständiges Bemühen um den gewünschten Erfolg, wird früher oder später auch zur Generierung des Erfolges führen. Dies betrifft vor allem mittel- und längerfristige Projekte innerhalb des Marketings (wie etwa SEO).

Der Weg zum Erfolg erfordert von Dir aber nicht nur Zielstrebigkeit und Ehrgeiz, sondern auch Disziplin. Das tägliche Projektmanagement erfordert Organisation und Nachverfolgung. So können eventuelle Fehlentwicklungen schnell als solche erkannt und revidiert bzw. durch andere, besser funktionierende Produkte ersetzt werden. Das grenzt Verluste ein und sorgt für neues, gewinnversprechendes Potenzial. Selbst wenn einmal eine bereits getroffene und eingeleitete Entscheidung rückgängig gemacht werden muss, solltest Du nicht grundsätzlich an Deinen Fähigkeiten oder Deiner Strategie zweifeln. Im Gegenteil: Glaube immer an Dich, Deine Visionen, Ideen und Ziele und gib nicht auf! Auch eine Fehlentscheidung kann wichtig sein auf dem Weg zum Erfolg, da sie Dir aufzeigt, welche Fehler Du in Zukunft vermeiden kannst und Dir auf diese Weise eine wertvolle Erfahrung ist, um künftig noch erfolgreicher zu werden.

Ziel des Buches

Das Ziel dieses Buches ist es, Dir ein klar definiertes Verständnis für die Welt des Affiliate-Marketings zu vermitteln und Dich durch alle wesentlichen Prozesse zu führen, die nötig sind, um ein profitables Online-Business innerhalb kürzester Zeit aufzubauen und zu skalieren.

Dieses Buch soll als eine Brücke zwischen Dir und Deinem Traum von finanzieller Unabhängigkeit und unternehmerischem Erfolg dienen. Es ist für diejenigen gedacht, die sich nicht vor neuen Herausforderungen scheuen und bereit sind, die Chancen zu nutzen, die das digitale Zeitalter bietet.

Von der ersten Einführung in das, was Affiliate-Marketing eigentlich ist, bis hin zu fortgeschrittenen Techniken und Taktiken – dieses Buch dient als Wegweiser, um Dir das Wissen und die Werkzeuge an die Hand zu geben, die Du brauchst, um erfolgreich zu sein. Ich führe Dich durch die Auswahl der richtigen Nische, zeige Dir, wie Du eine vertrauenswürdige und wiedererkennbare Marke aufbaust und wie Du Inhalte erstellst, die nicht nur Deine Zielgruppe erreichen, sondern auch konvertieren und Verkäufe generieren.

In den Kapiteln dieses Buches lernst Du die Bedeutung einer starken Grundlage kennen, auf der das gesamte Affiliate-Marketing-

Geschäft beruht. Du wirst verstehen, warum es essenziell ist, das richtige Mindset zu haben und welche mentalen Barrieren es zu überwinden gilt. Ebenfalls erfährst Du, wie Du Deine Marketingstrategien effektiv gestalten und anpassen kannst, um den ständigen Veränderungen im digitalen Raum gerecht zu werden.

Darüber hinaus erfährst Du, wie Du den Traffic, den Du generierst, monetarisierst und wie wichtig es ist, die Daten, die Du sammelst, richtig zu interpretieren und zu handeln. Du wirst lernen, nicht nur den aktuellen Trends nachzujagen, sondern sie zu analysieren und zu verstehen, um sinnvoll auf sie reagieren zu können.

Am Ende dieses Buches wirst Du nicht nur über das nötige Wissen verfügen, um ein Affiliate-Marketing-Business zu starten und zu betreiben, sondern auch über die Fähigkeit, das Gelernte praktisch anzuwenden. Du wirst in der Lage sein, Dir in einem extrem kurzen Zeitraum Dein eigenes Affiliate-Geschäft aufzubauen und zu erleben, wie es beginnt, Umsätze zu generieren.

Lasse Dich jedoch nicht von unrealistisch hohen Anfangserwartungen leiten. Setze Dir realistische Ziele und sei geduldig – Affiliate-Marketing ist ein Prozess, der Zeit braucht. Doch mit Vertrauen in Dich und Dein Vorhaben, sowie dem Wissen aus diesem Buch, wirst Du in der Lage sein, den Grundstein für anhaltenden Erfolg zu legen. Gib Deinen Bemühungen die notwendige Zeit, und freue Dich dann über die Erfolge, die sich durch kontinuierliche Arbeit und Engagement einstellen werden.

Dieses Buch ist daher mehr als nur ein Buch – es ist ein Masterplan, der Dir zeigt, wie Du das Affiliate-Marketing für Dich zum Arbeiten bringst und wie Du die Freuden eines selbstbestimmten, erfolgreichen Lebens genießen kannst.

Kapitel 1: Die Grundlagen des Affiliate-Marketings: Ein umfassendes Verständnis

Ein Verständnis für die Grundlagen des Affiliate-Marketings zu entwickeln, bedeutet, sich in eine Welt zu vertiefen, in der digitale Strategien auf realen Marktbedürfnissen treffen. In dieser Welt verschmelzen Kreativität und Geschäftssinn auf eine einzigartige Weise, um eine dynamische und sich ständig entwickelnde Branche zu formen. Es ist ein Bereich, in dem technologische Innovationen auf traditionelle Marketingprinzipien treffen und so neue Wege für Unternehmertum und Geschäftswachstum eröffnen.

1.1. Was ist Affiliate-Marketing und wie funktioniert es?

Affiliate-Marketing ist ein Geschäftsmodell, bei dem Du als Affiliate Produkte oder Dienstleistungen anderer Unternehmen bewirbst und für jede erfolgreiche Vermittlung eine Provision erhältst. Stellen wir uns das Szenario als eine harmonische Symphonie aus Geben und Nehmen vor – Unternehmen stellen Produkte bereit, Du teilst diese über Deine digitalen Kanäle und die Kunden erhalten dank Deiner Empfehlungen das, was sie suchen. Ein Kauf über Deine Affiliate-Links bedeutet den angenehmen Klang der Provision auf Deinem Konto.

Wie in jeder guten Melodie, kommt es auch beim Affiliate-Marketing auf die Abstimmung der einzelnen Komponenten an: Du musst die Produkte und Deine Zielgruppe kennen und verstehen, wie Du sie am besten erreichst und überzeugst. Es geht darum, Vertrauen zu schaffen und Deine Glaubwürdigkeit durch ehrliche und informative Inhalte zu unterstreichen. Dabei spielst Du die Rolle des Verbindungsstücks, das nicht nur auf mögliche Gewinne aus ist, sondern wirklich an den Bedürfnissen der Kunden und der Qualität der Produkte interessiert ist.

Der Reiz und gleichzeitig die Herausforderung des Affiliate-Marketings liegen in seiner Vielfältigkeit und dem Potential. Die Auswahl an Produkten ist riesig und reicht von physischen Gütern über Software bis hin zu Dienstleistungen. Die Kommissionen können variieren – von Einmalzahlungen über prozentuale Anteile bis hin zu Modellen, die wiederkehrende Einnahmen bieten, wenn es um Abonnementsdienste geht.

Die Fähigkeit, tradierte Vermarktung mit dem digitalen Fortschritt zu verbinden, macht Dich zum Pionier in einem Feld, das geradezu nach Innovation und Kreativität ruft. Und genau hier kannst Du Dich mit Deiner einzigartigen Stimme und Deinen Vorlieben etablieren – indem Du Produkte wählst, die Du authentisch empfehlen kannst und die zu Dir und Deinem Publikum passen.

1.2. Die Identifikation mit Affiliate-Marketing

Bevor Du Dich auf die Reise ins Affiliate-Marketing begibst, ist es entscheidend, in Dich zu gehen und herauszufinden, ob dieses Geschäftsmodell zu Deinen Stärken passt. Einflussreiche Affiliate-Vermarkter teilen eine Reihe von Eigenschaften: Sie haben ein tiefes Verständnis und echtes Interesse an ihren Nischen, die Fähigkeit, mit ihrer Zielgruppe zu kommunizieren und – vielleicht am wichtigsten – sie leben Authentizität und Transparenz in jeder Hinsicht.

Affiliate-Marketing bietet Dir die Freiheit, Deine Rolle und Deinen Ansatz individuell zu gestalten. Du hast die Möglichkeit, Dich entweder direkt in den Vordergrund zu stellen oder im Hintergrund zu agieren, je nachdem, was am besten zu Deinem Stil und Deinen Zielen passt.

Einerseits kannst Du Deine eigene Geschichte, Deine Persönlichkeit und Erfahrungen nutzen, um eine Verbindung mit

Deinem Publikum aufzubauen. Dieser persönliche Ansatz kann sehr kraftvoll sein, da er Authentizität und Glaubwürdigkeit vermittelt. Deine einzigartigen Erfahrungen und Dein Wissen können eine tiefere Resonanz mit Deiner Zielgruppe schaffen und Deine Empfehlungen glaubwürdiger machen.

Andererseits, wenn Du eine diskretere Herangehensweise bevorzugst, kannst Du Dich darauf konzentrieren, hochwertige Inhalte zu erstellen, die auf lizenzfreiem Material basieren. Diese Methode erlaubt es Dir, Deine Privatsphäre zu wahren, während Du gleichzeitig effektive Marketingstrategien entwickelst. Durch die Verwendung von Stock-Fotos, Videos und anderen Medien kannst Du immer noch starke Botschaften übermitteln und Dein Publikum erreichen.

Unabhängig von Deiner Entscheidung ist es entscheidend, ein tiefes Verständnis für Deine Nische zu entwickeln und effektiv mit Deiner Zielgruppe zu kommunizieren. Deine Authentizität, egal in welcher Form, und die Qualität der von Dir erstellten Inhalte sind die Schlüssel zum Aufbau einer starken Präsenz im Affiliate-Marketing.

Betrachte Affiliate-Marketing als einen flexiblen Weg, der es Dir ermöglicht, Deine Leidenschaften und Interessen mit den Bedürfnissen Deiner Zielgruppe zu verbinden. Deine individuelle Herangehensweise und Dein Engagement bestimmen Deinen Erfolgsweg in dieser spannenden und dynamischen Branche.

1.3. Das Einkommenspotenzial im Affiliate-Marketing

Im Affiliate-Marketing ist das Einkommenspotenzial so vielfältig wie die Branche selbst. Die Höhe Deines Einkommens kann stark variieren, abhängig von zahlreichen Faktoren wie Deiner gewählten Nische, der Qualität und dem Umfang des generierten Traffics, der Effektivität Deiner Marketingstrategien und der Conversion-Rate Deiner Kampagnen.

Es ist wichtig, realistische Erwartungen zu setzen und zu verstehen, dass Erfolg im Affiliate-Marketing oft das Ergebnis langfristiger Bemühungen ist. Für einige mag es bedeuten, beträchtliche Einkommen zu erzielen, die ein Hauptberufseinkommen ersetzen oder sogar übertreffen. Für andere kann es ein stetiges Zusatzeinkommen bedeuten, das finanzielle Flexibilität bietet.

Affiliate-Marketing sollte als ein langfristiges Engagement betrachtet werden, ähnlich einem Marathon. Die anfängliche Phase erfordert harte Arbeit und Engagement beim Aufbau Deiner Online-Präsenz und Marke. Die Belohnungen für diese Anstrengungen werden oft erst im Laufe der Zeit sichtbar, wenn Deine Empfehlungen von Deiner Zielgruppe anerkannt und geschätzt werden.

Eine kluge Strategie ist es, Deine Einkommensquellen zu diversifizieren. Indem Du Dich bei mehreren Affiliate-Programmen beteiligst, kannst Du Dein Einkommensrisiko minimieren und Deine Verdienstmöglichkeiten maximieren. Diese Diversifikation ermöglicht es Dir, flexibel auf Marktveränderungen zu reagieren und Deine Einkommensströme zu stabilisieren.

Denke daran, dass Dein Erfolg im Affiliate-Marketing nicht nur von Deiner Fähigkeit abhängt, effektive Marketingstrategien zu entwickeln, sondern auch von Deiner Bereitschaft, Dich kontinuierlich weiterzubilden und an die sich ständig ändernden Markttrends anzupassen. Mit der richtigen Einstellung und Strategie kann Affiliate-Marketing ein lohnendes Unterfangen sein, das sowohl persönliche Erfüllung als auch finanziellen Erfolg bietet.

1.4. Zeitaufwand im Affiliate-Marketing: Wie viel solltest Du investieren?

Der Erfolg im Affiliate-Marketing hängt nicht nur von Deiner Hingabe, sondern auch von Deinem Zeiteinsatz ab. Besonders in der Startphase ist ein hoher Zeitaufwand zu erwarten. Du musst verstehen, dass das Schaffen einer Präsenz im Internet und das

Schaffen von vertrauenswürdigen Inhalten viel Zeit in Anspruch nimmt. Lerne, Deine Aufgaben zu priorisieren, und investiere Zeit in Aktivitäten, die Dein Business vorantreiben.

Berücksichtige die Zeit für Marktforschung, Content-Erstellung, Community-Aufbau und Netzwerken. Tools zur Automatisierung können beim Zeitmanagement helfen, aber der persönliche Touch ist entscheidend. Zudem wird es Zeiten geben, in denen Du Deine Taktiken anpassen musst – sei es durch sich ändernde Marktbedingungen, neue Algorithmen oder sich entwickelnde Interessen Deiner Zielgruppe. Bleibe konstant und fokussiert auf Deine Strategie, und denke daran, dass Flexibilität und Anpassungsfähigkeit wesentliche Fähigkeiten in der sich ständig wandelnden Welt des Internets sind.

Obwohl Affiliate-Marketing als passives Einkommen gilt, musst Du zuerst eine aktive Grundlage schaffen. Setze Dir klare Ziele, wie viele Stunden Du pro Woche investieren kannst und willst, und arbeite effizient an ihrer Erreichung. Die Zeit und Leidenschaft, die Du gerade in den Anfangsjahren investierst, sind eine Investition in Deine Zukunft – eine Zukunft, die durch Affiliate-Marketing sowohl finanziell als auch persönlich lohnend sein kann.

Das erste Kapitel bildet das Fundament für den Rest des Buchs und bereitet Dich darauf vor, tief in die Welt des Affiliate-Marketings einzutauchen – mit all seinen Herausforderungen und den unzähligen Chancen, die sich Dir bieten. Im nächsten Kapitel werden wir uns die mentalen Werkzeuge ansehen, die nötig sind, um diesen Weg nicht nur zu beginnen, sondern auch erfolgreich zu gehen.

Kapitel 2: Mindset und Motivation: Grundsteine des Erfolgs

Auf Deiner Reise im Affiliate-Marketing erwarten Dich nicht nur technische Herausforderungen, sondern auch mentale: Deine

Einstellung und Dein Durchhaltevermögen sind entscheidend. Die Erkenntnis, dass Dein Mindset der mächtigste Faktor für Deinen Erfolg ist, bildet die Grundlage dieses Kapitels. Wir werden uns ansehen, warum das richtige Mindset so entscheidend ist und wie Du Dir eine Mentalität aneignen kannst, die Dinge meistert, anstatt vor ihnen zurückzuschrecken. In jedem Schritt wirst Du erkennen, dass die größte Hürde oftmals nicht in den Strategien oder dem Markt liegt, sondern in Dir selbst – und genau hier liegt Dein größtes Potential für Wachstum und Erfolg.

2.1. Entwickle die richtige Geisteshaltung für Deinen Erfolg

Verstehe die Kraft der mentalen Einstellung im Affiliate-Marketing. Erfolg in dieser Branche beginnt mit dem Glauben an deine Fähigkeiten und das Potential, bedeutende Einkommensströme zu schaffen. Henry Ford's Worte "Ob du denkst, du kannst es, oder du kannst es nicht, du wirst in beiden Fällen recht behalten", klingen hier besonders wahr. Deine Überzeugung, durch Affiliate-Marketing finanziellen Wohlstand zu erreichen, ist der erste Schritt auf dem Weg zu diesem Ziel.

Die richtige Geisteshaltung zu entwickeln, bedeutet, deinen Geist auf Erfolg auszurichten. Visualisiere deine Ziele und spüre die Begeisterung, als ob du sie bereits erreicht hättest. Diese positive Visualisierung hilft dir, Herausforderungen zu überwinden und auf deinem Erfolgsweg zu bleiben. Stelle dir täglich vor, wie du deine Einkommensziele erreichst und was dies für dein Leben bedeutet. Nimm diese Vision in jede Aktivität auf, die du ausführst.

Selbstzweifel und Rückschläge sind unvermeidlich, aber entscheidend ist, wie du mit ihnen umgehst. Sie bieten eine Chance, deine Widerstandsfähigkeit zu stärken und aus Fehlern zu lernen. Teile deine Vision mit anderen, um Unterstützung zu erhalten und lass dich von Rückschlägen nicht entmutigen.

Ziele hochzustecken und die Verantwortung für das Erreichen dieser Ziele zu übernehmen, ist ein weiterer Schlüssel zum Erfolg im Affiliate-Marketing. Große Ziele erzeugen einen starken Antrieb und motivieren dich, zusätzliche Anstrengungen zu unternehmen. Setze dir klare und erreichbare Ziele und sei bereit, die notwendigen Schritte zu gehen, um sie zu erreichen.

Ein fehlgeschlagener Versuch ist keine Niederlage, sondern eine Lerngelegenheit. Nutze diese Erfahrungen, um deine Strategien zu verfeinern und zu verbessern. Ein Fehler beim Bewerben eines Produktes oder bei der Implementierung einer Marketingtaktik sollte nicht zum Aufgeben führen, sondern zum Lernen und zur Anpassung deiner Methoden.

Der Aufbau eines Netzwerks aus Gleichgesinnten und Mentoren kann entscheidend sein, um Rückschläge zu bewältigen und aus ihnen zu lernen. Solch eine Unterstützung hilft dir, Herausforderungen gemeinsam zu meistern und wertvolle Einsichten für deinen weiteren Weg zu gewinnen.

Geduld und Beständigkeit sind im Affiliate-Marketing besonders wichtig. Erfolg in dieser Branche ist kein Sprint, sondern ein Marathon. Es ist unerlässlich, realistische Erwartungen an die Zeit zu haben, die es braucht, um ein erfolgreiches Affiliate-Marketing-Geschäft aufzubauen. Es geht darum, sich auf den langfristigen Erfolg zu konzentrieren, anstatt auf schnelle Gewinne zu hoffen.

Beständigkeit bedeutet auch, kontinuierlich an deiner persönlichen und fachlichen Entwicklung zu arbeiten. Im Affiliate-Marketing, wie in jedem anderen Bereich, ist ständiges Lernen und Anpassen erforderlich. Diese Bereitschaft, gepaart mit Durchhaltevermögen, wird dir helfen, dein Affiliate-Marketing-Geschäft erfolgreich zu machen.

Indem du dein Mindset stärkst und eine Geisteshaltung der Beständigkeit und des Lernens annimmst, legst du die Grundlage für deinen Erfolg im Affiliate-Marketing. Dieses Kapitel hat die mentalen Grundlagen für deinen Erfolg gelegt. Im nächsten Kapitel wirst du lernen, wie du deine Leidenschaft entdeckst und die richtige Nische für dich auswählst, um dein Affiliate-Business auf einem festen Fundament der Begeisterung und Expertise zu errichten.

2.2. Ziele groß stecken und Verantwortung übernehmen

Im Affiliate-Marketing, einem Feld voller unbegrenzter Möglichkeiten, ist es entscheidend, groß zu denken und ambitionierte Ziele zu setzen. Diese Ziele sind wie Leuchtfeuer auf Deiner Reise, sie geben Richtung und Sinn. Sie motivieren Dich, Dich selbst herauszufordern, über Deine Grenzen hinauszuwachsen und innovative Strategien zu entwickeln.

Doch große Ziele allein reichen nicht aus. Was wirklich zählt, ist die Übernahme der Verantwortung für Dein Handeln und Deine Entscheidungen. Dies bedeutet, dass Du die Führung übernimmst und Dich nicht auf Glück oder Zufall verlässt, sondern aktiv die Schritte unternimmst, die Dich Deinem Ziel näherbringen. Es ist diese Kombination aus ambitionierten Zielen und der Bereitschaft, für deren Erreichung hart zu arbeiten, die den Unterschied ausmacht.

Beim Setzen von Zielen ist es wichtig, dass diese spezifisch, messbar, erreichbar, relevant und zeitgebunden sind – die sogenannten SMART-Ziele. Anstatt zu sagen: "Ich möchte erfolgreich sein", definiere, was Erfolg für Dich bedeutet. Ist es, ein monatliches Einkommen von X Euro zu erreichen? Oder ist es, eine bestimmte Anzahl von Followern auf Deinem Blog oder Deinen sozialen Medien zu haben? Je konkreter Deine Ziele, desto besser kannst Du einen Plan erstellen, um sie zu erreichen.

Dann kommt der Teil, der oft am schwierigsten ist: dranbleiben. Konsistenz ist der Schlüssel. Du musst bereit sein, regelmäßig Zeit und Energie zu investieren, auch wenn die Ergebnisse nicht sofort sichtbar sind. Es ist diese Beständigkeit, die letztendlich zu Erfolg führt.

Um Deine Ziele zu erreichen, musst Du auch lernen, flexibel zu sein. Die Welt des Affiliate-Marketings ist dynamisch und verändert sich ständig. Dies bedeutet, dass Du bereit sein musst, Deine Strategien anzupassen und zu ändern, wenn sich der Markt oder die Bedürfnisse Deiner Zielgruppe ändern.

Neben der Zielsetzung und Beständigkeit ist es auch wichtig, die richtigen Werkzeuge und Ressourcen zu nutzen. Dies kann die Verwendung von Analytics-Tools, das Erlernen neuer Marketing-Techniken oder das Netzwerken mit anderen Affiliates umfassen. Je mehr Du weißt und je mehr Ressourcen Du hast, desto besser bist Du ausgestattet, um Deine Ziele zu erreichen.

Außerdem ist es wichtig, Geduld zu haben. Die Erwartung, über Nacht Erfolg zu haben, kann zu Frustration führen. Erfolg im Affiliate-Marketing baut sich in der Regel langsam auf, aber die Beständigkeit zahlt sich aus.

Zuletzt, vergiss nicht, Deine Erfolge zu feiern. Jedes erreichte Ziel, egal wie klein, ist ein Schritt in die richtige Richtung. Diese Erfolge zu erkennen und zu feiern, hilft Dir, motiviert zu bleiben und weiterzumachen.

In diesem umfangreichen Abschnitt hast Du gelernt, wie wichtig es ist, große Ziele zu setzen, Verantwortung zu übernehmen und beständig an ihnen zu arbeiten. Diese Prinzipien sind wesentlich, um im Bereich des Affiliate-Marketings langfristig erfolgreich zu sein. Im nächsten Teil werden wir uns mit den Herausforderungen und Chancen befassen, die sich Dir auf diesem spannenden Weg bieten.

2.3. Lerne aus Fehlern und gehe gestärkt hervor

Im Affiliate-Marketing, wie in jedem Bereich des Lebens, sind Rückschläge und Fehler unvermeidlich. Doch statt sie als Hindernisse auf Deinem Weg zum Erfolg zu sehen, betrachte sie als unverzichtbare Bestandteile Deines Lernprozesses. Diese Herausforderungen bieten Dir die Möglichkeit, Deine Strategien zu überdenken, anzupassen und zu verbessern. Jeder Misserfolg, jede Fehlkalkulation oder jede verpasste Gelegenheit ist eine Quelle wertvoller Einsichten, die Dich letztendlich zu einem versierteren und effektiveren Affiliate-Vermarkter machen.

Das Geheimnis liegt darin, eine Haltung der Neugier und Offenheit zu bewahren. Anstatt Dich von Fehlern entmutigen zu lassen, frage Dich: „Was kann ich aus dieser Erfahrung lernen?" Diese Perspektive ermöglicht es Dir, selbst aus den scheinbar negativsten Erfahrungen Positives zu ziehen. Denke daran, dass kein erfolgreicher Affiliate-Vermarkter über Nacht entstanden ist. Jeder von ihnen hat eine Reihe von Rückschlägen erlebt, aber was sie unterscheidet, ist ihre Fähigkeit, aus diesen Rückschlägen zu lernen und gestärkt hervorzugehen.

Um dies effektiv zu tun, ist es wichtig, eine kritische Selbstbewertung durchzuführen. Analysiere, was schiefgelaufen ist und warum. Waren Deine Marketingkampagnen nicht zielgerichtet genug? War das Produkt, das Du beworben hast, nicht wirklich relevant für Dein Publikum? Oder hast Du vielleicht wichtige Trends in Deiner Nische übersehen? Eine ehrliche Beurteilung Deiner Fehler wird Dir helfen, sie in Zukunft zu vermeiden.

Darüber hinaus ist es wichtig, ein unterstützendes Netzwerk aufzubauen. Die Reise im Affiliate-Marketing kann manchmal einsam sein, insbesondere wenn Du vor Herausforderungen stehst. Ein Netzwerk von Gleichgesinnten, sei es online oder in Deiner lokalen Community, kann eine wertvolle Ressource sein. Sie können Dich nicht nur bei der Überwindung von Rückschlägen unterstützen, sondern auch alternative Perspektiven und Lösungen bieten. Dies könnte durch den Beitritt zu Affiliate-Marketing-Foren, Social-Media-Gruppen oder lokalen Meetups geschehen.

Durch das Lernen von Fehlern wirst Du auch besser darin, Chancen zu erkennen und zu nutzen. Oftmals verbergen sich hinter Misserfolgen ungeahnte Möglichkeiten. Vielleicht hast Du ein Produkt beworben, das nicht gut ankam, aber im Prozess etwas über eine bestimmte Zielgruppe gelernt, die Du vorher nicht berücksichtigt hattest. Dieses Wissen kann sich als äußerst wertvoll erweisen, wenn Du es auf zukünftige Projekte anwendest.

Eine weitere wichtige Komponente ist die Entwicklung von Resilienz. Resilienz, die Fähigkeit, sich von Rückschlägen schnell zu erholen, ist eine Schlüsselkompetenz im Affiliate-Marketing. Es geht darum, flexibel zu bleiben, sich an veränderte Umstände anzupassen und die Motivation aufrechtzuerhalten, auch wenn die Dinge nicht nach Plan laufen. Dies erfordert nicht nur eine positive

Einstellung, sondern auch eine gewisse Beharrlichkeit und den Glauben an Deine eigene Vision.

Schließlich ist es entscheidend, eine Balance zwischen Beharrlichkeit und Flexibilität zu finden. Während es wichtig ist, an Deinen Zielen festzuhalten und konsequent zu sein, musst Du auch bereit sein, Deine Strategien anzupassen, wenn sie nicht die gewünschten Ergebnisse liefern. In einer sich ständig verändernden digitalen Landschaft ist Anpassungsfähigkeit ein Muss. Sei aufmerksam für neue Trends, veränderte Kundenvorlieben und sich wandelnde Marktbedingungen. Nutze Deine Fehler als Chance, um innovativ zu sein und neue Ansätze auszuprobieren.

Um diesen Lernprozess zu optimieren, ist es hilfreich, ein Tagebuch oder eine Art Protokoll zu führen, in dem Du Deine Erfahrungen und die daraus gezogenen Lehren festhältst. Dies hilft nicht nur, den Lernprozess zu dokumentieren, sondern ermöglicht es Dir auch, Deine Fortschritte im Laufe der Zeit zu verfolgen und zu reflektieren.

Denke daran, dass Deine Reise im Affiliate-Marketing ein Marathon ist, kein Sprint. Geduld und Ausdauer sind ebenso wichtig wie die Fähigkeit, aus Fehlern zu lernen. Indem Du Deine Misserfolge als Sprungbrett für Wachstum und Verbesserung nutzt, wirst Du nicht nur ein erfolgreicher Affiliate-Vermarkter, sondern auch ein weiserer und resilienterer Unternehmer. In diesem Kapitel hast Du gelernt, wie wichtig es ist, aus Fehlern zu lernen und diese Erfahrungen als wertvolle Werkzeuge für Deine berufliche und persönliche Entwicklung zu nutzen. Im nächsten Kapitel wirst Du erfahren, wie Du Deine Ziele festlegen und systematisch verfolgen kannst, um Deine Vision im Affiliate-Marketing zu verwirklichen.

2.4. Geduldig bleiben und den Wert von Beständigkeit erkennen

In Affiliate-Marketing, Geduld und Beständigkeit sind nicht bloß Tugenden; sie sind unverzichtbare Bestandteile Deines Weges zum

Erfolg. In einer Welt, die sich ständig nach sofortiger Befriedigung und schnellen Lösungen sehnt, ist es verständlich, dass die anfängliche Euphorie beim Aufbau eines Affiliate-Marketing-Geschäfts schnell in Frustration umschlagen kann, wenn nicht sofort sichtbare Ergebnisse erzielt werden. Dennoch, das Geheimnis des Erfolgs im Affiliate-Marketing liegt gerade in der Ausdauer und der Fähigkeit, einen langfristigen Plan zu verfolgen.

Geduld im Affiliate-Marketing bedeutet, realistische Erwartungen an Deinen Zeitplan zu setzen. Es ist wichtig zu verstehen, dass der Aufbau eines erfolgreichen Affiliate-Marketing-Geschäfts Zeit erfordert. Es ist kein Sprint zum schnellen Geld, sondern eher ein Marathon, der eine strategische Planung, kontinuierliche Anstrengungen und unerschütterliches Engagement erfordert. In den Anfangsphasen wirst Du vielleicht viele Stunden damit verbringen, Deine Plattform aufzubauen, Deine Marke zu etablieren und Vertrauen bei Deinem Publikum aufzubauen. Die Früchte dieser Arbeit werden sich oft erst im Laufe der Zeit zeigen, wenn Deine Zielgruppe beginnt, Dir zu vertrauen und auf Deine Empfehlungen zu reagieren.

Es ist auch entscheidend, dass Du Dir klare und erreichbare Ziele setzt. Ohne ein klares Ziel kann der Prozess überwältigend und unstrukturiert erscheinen. Lege fest, was Du erreichen möchtest, sei es eine bestimmte Anzahl von Followern, eine gewisse Summe an Einnahmen oder die erfolgreiche Promotion eines bestimmten Produkts. Diese Ziele geben Dir eine Richtung und helfen Dir dabei, Deine Fortschritte zu messen und zu verfolgen.

Die Beständigkeit ist ein weiterer Schlüssel zum Erfolg im Affiliate-Marketing. Dies bedeutet, regelmäßig hochwertigen Content zu produzieren, ständig mit Deinem Publikum zu interagieren und Deine Strategien kontinuierlich zu optimieren. Denke daran, dass Beständigkeit nicht nur regelmäßige Arbeit bedeutet, sondern auch, ständig zu lernen und sich den sich ändernden Trends und Marktanforderungen anzupassen. Bleibe offen für neue Ideen und Techniken und sei bereit, Deine Strategien entsprechend zu ändern, um effektiv auf die Bedürfnisse Deines Publikums einzugehen.

Ein weiterer Aspekt der Geduld im Affiliate-Marketing ist das Verständnis, dass nicht alle Deine Bemühungen sofort Früchte tragen werden. Einige Deiner Marketingstrategien oder beworbenen Produkte werden vielleicht nicht sofort einen Umsatz generieren. Es ist wichtig, sich nicht entmutigen zu lassen und weiterhin hart zu arbeiten, auch wenn die Ergebnisse nicht sofort sichtbar sind. Analysiere regelmäßig Deine Strategien und passe sie an, um die Effektivität zu steigern.

Geduld mit Dir selbst zu haben gehört auch zu einem der wichtigsten Faktoren. Du wirst wahrscheinlich Fehler machen und manchmal an Deinen Fähigkeiten zweifeln. Dies ist ein natürlicher Teil des Lernprozesses. Wichtig ist, aus diesen Fehlern zu lernen und sie als Gelegenheiten zur Verbesserung zu sehen. Reflektiere über Deine Erfahrungen, ziehe Lehren daraus und setze dieses Wissen ein, um Deine Methoden zu verfeinern. Das Bewusstsein, dass jeder Schritt, ob erfolgreich oder nicht, Teil Deines Wachstums und Deines Lernprozesses ist, wird Dir helfen, motiviert und fokussiert zu bleiben.

Erinnere Dich zudem daran, dass Erfolg im Affiliate-Marketing oft von Deiner Fähigkeit abhängt, langfristige Beziehungen aufzubauen – sowohl mit Deinem Publikum als auch mit den Unternehmen, deren Produkte Du bewirbst. Diese Beziehungen zu pflegen und zu stärken, benötigt Zeit und Geduld. Es geht darum, Vertrauen aufzubauen und als verlässlicher und ehrlicher Informant in Deiner Nische anerkannt zu werden. Dies kann bedeuten, dass Du manchmal mehr Zeit in den Aufbau von Beziehungen investierst, als in die unmittelbare Steigerung Deiner Einnahmen.

Geduld und Beständigkeit im Affiliate-Marketing bedeuten auch, Deinen Fortschritt realistisch zu bewerten und Dich nicht mit ändern zu vergleichen. Jeder Affiliate-Marketer hat seinen eigenen Weg, und was für einen funktioniert, funktioniert vielleicht nicht für einen anderen. Konzentriere Dich auf Deine eigene Reise und erkenne an, dass Dein Weg einzigartig ist.

Letztendlich ist das Erreichen von Erfolg im Affiliate-Marketing ein Prozess, der Hingabe, Lernbereitschaft und Ausdauer erfordert. Es ist wichtig, dass Du Dich an Deine eigene Vision hältst und Dich nicht von kurzfristigen Rückschlägen entmutigen lässt. Deine Fähigkeit, konsequent zu bleiben, Dich anzupassen und aus Erfahrungen zu lernen, wird letztendlich den Unterschied ausmachen. Durch das Festhalten an Deinen langfristigen Zielen und das kontinuierliche Arbeiten an Deiner Entwicklung und Deinen Fähigkeiten, schaffst Du eine solide Basis für Dein Affiliate-Marketing-Geschäft.

In diesem Kapitel hast Du die Bedeutung von Geduld und Beständigkeit im Affiliate-Marketing kennengelernt. Diese Fähigkeiten sind unerlässlich, um die Herausforderungen und Chancen, die diese aufregende Branche bietet, zu meistern. Im nächsten Kapitel wirst Du tiefer in die Techniken eintauchen, die erforderlich sind, um Deine Marketingstrategien effektiv zu gestalten und Dein Affiliate-Marketing-Geschäft weiter voranzutreiben. Du wirst lernen, wie Du Deine Kreativität und Innovationskraft einsetzt, um Dein Publikum zu erreichen und Deine Marke zu stärken.

Kapitel 3: Die Wahl Deiner Nische: Finde Deine Leidenschaft

Die Entscheidung, welche Nische Du im Affiliate-Marketing bearbeitest, ist nicht einfach eine erste Auswahl auf Deiner ToDo-Liste – sie ist der Kern, um den sich Dein gesamtes Business drehen wird. Eine klar definierte Nische ermöglicht es Dir, eine zielgerichtete und persönliche Verbindung zu Deinem Publikum aufzubauen. Dieses Kapitel ist der Schlüssel, um diese kritische Auswahl zu treffen – es geht darum, Deine Leidenschaft und Dein Geschick so zu vereinen, dass Du Deine Energie effektiv nutzen und ein Geschäft aufbauen kannst, das nicht nur finanziell lohnt, sondern auch persönlich erfüllend ist.

3.1. Bedeutung und Vorteile einer spezialisierten Nische

Das Verständnis und die Auswahl einer spezialisierten Nische im Affiliate-Marketing sind vergleichbar mit dem Legen des Grundsteins für ein robustes Gebäude. Die richtige Nische zu finden, ist eine Kunst, die sowohl Intuition als auch strategische Planung erfordert. Dieses Kapitel zielt darauf ab, die Bedeutung einer spezialisierten Nische zu beleuchten und die vielfältigen Vorteile aufzuzeigen, die sie mit sich bringt.

Die Wahl einer Nische geht weit über die bloße Identifikation eines thematischen Bereichs hinaus. Es ist eine strategische Entscheidung, die bestimmt, wie Du Deine Zielgruppe ansprichst, Dich als Experten etablierst und langfristig Erfolg im Affiliate-Marketing erzielst. Eine gut definierte Nische ermöglicht es Dir, Deine Bemühungen auf eine spezifische Zielgruppe zu konzentrieren, was Deine Marketingbotschaften klarer und effektiver macht. Eine klare Fokussierung auf eine Nische hilft, die Wahrscheinlichkeit zu erhöhen, dass Deine Zielgruppe auf Deine Werbebotschaften und Inhalte reagiert.

Die Spezialisierung auf eine Nische positioniert Dich auch als Experten auf diesem Gebiet. Indem Du konsequent relevante Informationen und Produkte anbietest, die sich auf ein bestimmtes Thema konzentrieren, beginnt Dein Publikum, Dich als glaubwürdige und vertrauenswürdige Informationsquelle zu sehen. Diese Wahrnehmung als Experte ist entscheidend für den Aufbau von Vertrauen und Glaubwürdigkeit, was wiederum die Basis für erfolgreiche Konversionen bildet.

Ein weiterer Vorteil der Spezialisierung auf eine Nische ist, dass sie oft weniger wettbewerbsintensiv sein kann. In breiteren Märkten ist der Wettbewerb in der Regel intensiver. In einer engeren Nische, wie zum Beispiel „ökologische Wohnlösungen" oder „gesunde Ernährung für berufstätige Eltern", kannst Du eine Nischenposition finden, die noch nicht übersättigt ist. Dies gibt Dir die Möglichkeit,

Dich in einem Bereich zu etablieren, in dem noch Raum für Wachstum und Entwicklung besteht.

Die Fokussierung auf eine spezielle Nische ermöglicht es auch, zielgerichteter und persönlicher mit Deinem Publikum zu kommunizieren. Du kannst Inhalte erstellen, die spezifisch auf die Bedürfnisse und Interessen Deiner Zielgruppe zugeschnitten sind. Dies führt nicht nur zu einem höheren Engagement, sondern erhöht auch die Wahrscheinlichkeit, dass Deine Empfehlungen und Produkte auf echtes Interesse stoßen.

Die Konzentration auf eine Nische erlaubt es Dir auch, tiefer in die spezifischen Bedürfnisse und Herausforderungen Deiner Zielgruppe einzutauchen. Du kannst spezifische Probleme und Schmerzpunkte Deiner Zielgruppe identifizieren und Lösungen anbieten, die wirklich relevant und hilfreich sind. Dieser tiefe Einblick in Deine Nische ermöglicht es Dir, eine starke und loyale Community aufzubauen, die Deinen Empfehlungen und Ratschlägen vertraut.

Zusammenfassend lässt sich sagen, dass die Wahl einer spezialisierten Nische im Affiliate-Marketing viele Vorteile bietet. Sie ermöglicht es Dir, Dein Marketing zu fokussieren, Dich als Experten zu positionieren, den Wettbewerb zu reduzieren und eine engere Beziehung zu Deinem Publikum aufzubauen. Eine gut gewählte Nische ist der Schlüssel zum Aufbau eines erfolgreichen und nachhaltigen Affiliate-Marketing-Geschäfts.

3.2. Die richtige Nischenwahl: Tipps und Tricks

Die Auswahl der richtigen Nische im Affiliate-Marketing ist ein entscheidender Schritt auf Deinem Weg zum Erfolg. Es ist eine Balance zwischen Deinen persönlichen Interessen, Deiner Leidenschaft und den Marktgegebenheiten. Eine gut gewählte Nische ermöglicht es Dir, ein Thema zu vertiefen, das Dich fasziniert, und gleichzeitig ein profitables Geschäft aufzubauen.

Zunächst solltest Du in Dich gehen und Deine Leidenschaften und Interessen erforschen. Was sind die Themen, die Dich begeistern? Welche Bereiche hast Du bereits in Deinem Leben erforscht, und wo hast Du Expertise aufgebaut? Deine Nische sollte ein Thema sein, für das Du eine natürliche Affinität hast. Dies verleiht Deinem Content Glaubwürdigkeit und macht es Dir leichter, Dein Publikum authentisch zu engagieren.

Neben Deiner Leidenschaft ist jedoch auch die Marktvorstellung unerlässlich. Beginne damit, die Marktgröße und das Potenzial Deiner ausgewählten Nische zu bewerten. Wie groß ist die Zielgruppe, die sich für dieses Thema interessiert? Gibt es eine stabile Nachfrage? Nutze Tools wie Google Trends, um zu verstehen, wie sich das Interesse an einem Thema über die Zeit entwickelt hat. Der Google Keyword Planner kann Dir dabei helfen, das Suchvolumen und die Wettbewerbsintensität für relevante Keywords zu analysieren.

Ein weiterer wichtiger Aspekt ist die Konkurrenzanalyse. Wer sind die anderen Affiliates in Deiner Nische, und wie positionieren sie sich? Welche Marketingstrategien setzen sie ein? Verstehen sie es, ihre Zielgruppe anzusprechen? Analysiere ihre Websites, Social-Media-Profile und Marketingmaterialien, um von ihren Stärken zu lernen und potenzielle Lücken in ihrer Strategie zu identifizieren.

Auch die Monetarisierungsmöglichkeiten sollten in Deine Überlegungen einfließen. Nicht jede Nische, die ein hohes Interesse generiert, bietet profitable Affiliate-Programme. Untersuche die verfügbaren Affiliate-Programme und die Arten von Produkten oder Dienstleistungen, die in Deiner Nische angeboten werden. Sind diese Produkte oder Dienstleistungen gefragt? Bieten sie eine angemessene Provision?

Zuletzt solltest Du die Nachhaltigkeit und das langfristige Potenzial Deiner Nischenwahl berücksichtigen. Trendige Themen mögen kurzfristig attraktiv sein, aber sie können schnell an Relevanz verlieren. Ziel ist es, eine Nische zu finden, die nicht nur aktuell bellebt ist, sondern auch in Zukunft Bestand hat. Eine Nische mit langfristigem Potenzial bietet Dir die Möglichkeit, ein dauerhaftes Geschäft aufzubauen und Deine Affiliate-Marketing-Karriere nachhaltig zu gestalten.

Die Nischenwahl im Affiliate-Marketing ist mehr als eine einmalige Entscheidung; es ist ein fortlaufender Prozess des Lernens, Experimentierens und Anpassens. Mit der richtigen Nische kannst Du ein erfolgreiches Affiliate-Marketing-Geschäft aufbauen, das Deine Leidenschaft widerspiegelt und gleichzeitig finanziell lohnend ist.

3.3. Kennen und Verstehen Deines Zielmarktes

Einen tiefen Einblick in Deinen Zielmarkt zu gewinnen, ist entscheidend für Deinen Erfolg im Affiliate-Marketing. Eine genaue Kenntnis Deiner Zielgruppe ermöglicht es Dir, effektiver zu kommunizieren, relevante Inhalte zu erstellen und die richtigen Produkte zu empfehlen. In diesem Abschnitt werden wir uns ausführlich mit den verschiedenen Aspekten des Verstehens und Ansprechens Deines Zielmarktes beschäftigen.

Zunächst ist es wichtig, ein klares Bild davon zu haben, wer Deine ideale Zielgruppe ist. Dies beinhaltet eine genaue Betrachtung ihrer demografischen Merkmale, wie Alter, Geschlecht, Bildungsniveau, Einkommen und geografische Lage. Aber es geht nicht nur um statistische Daten; es ist ebenso entscheidend, ihre Psychografie zu verstehen – ihre Interessen, Einstellungen, Werte und Lebensstile.

Erstelle detaillierte Kunden-Personas, um ein tieferes Verständnis Deiner Zielgruppe zu entwickeln. Kunden-Personas sind fiktive, aber datenbasierte Profile Deiner idealen Kunden. Sie helfen Dir, ein lebendigeres Bild davon zu erhalten, wer Deine Kunden sind, was sie bewegt und wie sie Entscheidungen treffen. Verwende Daten aus Deinen Website-Analytics, Umfragen unter Deinem

Publikum und Marktforschungsberichten, um realistische Personas zu erstellen.

Die nächste wichtige Komponente ist das Verständnis der Bedürfnisse und Schmerzpunkte Deiner Zielgruppe. Was sind ihre Hauptprobleme oder Herausforderungen? Was suchen sie aktiv? Was hindert sie daran, ihre Ziele zu erreichen? Je besser Du ihre Bedürfnisse und Herausforderungen verstehst, desto genauer kannst Du Deine Inhalte auf ihre spezifischen Interessen abstimmen und Produkte empfehlen, die ihnen echten Wert bieten.

Neben den Bedürfnissen und Herausforderungen ist es auch wichtig, das Kaufverhalten Deiner Zielgruppe zu verstehen. Welche Faktoren beeinflussen ihre Kaufentscheidungen? Sind sie preissensitiv oder suchen sie nach Qualität? Bevorzugen sie Online-Einkäufe oder den Kauf in physischen Geschäften? Ein tieferes Verständnis ihres Kaufverhaltens kann Dir dabei helfen, Deine Marketingstrategien und Affiliate-Angebote entsprechend anzupassen.

Ebenso relevant ist das Medienverhalten Deiner Zielgruppe. Welche Medien konsumieren sie regelmäßig? In welchen sozialen Netzwerken sind sie aktiv? Welche Art von Inhalten zieht ihre Aufmerksamkeit an? Diese Informationen sind entscheidend für die Entwicklung einer effektiven Content-Strategie und die Auswahl der richtigen Kanäle für Deine Marketingbemühungen.

Ein weiterer wesentlicher Aspekt ist das aktive Zuhören. Engagiere Dich in den Communities, in denen sich Deine Zielgruppe bewegt. Lies Kommentare auf Deinem Blog, verfolge Diskussionen in relevanten Foren und beobachte, wie Deine Zielgruppe auf verschiedenen Social-Media-Plattformen interagiert. Dies gibt Dir wertvolle Einblicke in ihre Gedanken und Meinungen und hilft Dir, relevanteren und ansprechenderen Content zu erstellen.

Darüber hinaus ist es wichtig, die Sprache Deiner Zielgruppe zu sprechen. Dies bedeutet nicht nur, ihren Jargon oder ihre Umgangssprache zu verwenden, sondern auch, in einer Weise zu kommunizieren, die mit ihren Werten und Überzeugungen resoniert. Eine authentische und empathische Kommunikation kann die Beziehung zu Deiner Zielgruppe stärken und das Vertrauen in Deine Empfehlungen erhöhen.

Abschließend ist die kontinuierliche Anpassung und Optimierung Deiner Strategien entscheidend. Die Bedürfnisse und Interessen Deiner Zielgruppe können sich im Laufe der Zeit ändern. Bleibe daher flexibel und reagiere auf Marktveränderungen, neue Trends und das Feedback Deiner Zielgruppe.

Insgesamt ist das Verständnis Deines Zielmarktes ein dynamischer und iterativer Prozess. Es erfordert ständige Aufmerksamkeit, Anpassung und ein tiefes Einfühlungsvermögen. Indem Du Deinen Zielmarkt genau kennst und verstehst, kannst Du als Affiliate Marketer effektiver agieren und langfristigen Erfolg sicherstellen.

Kapitel 4: Branding und Reputation: Baut eine starke Marke auf

In der Welt des Affiliate-Marketings bedeutet Branding alles. Es ist die Kunst, Deinem Geschäft nicht nur ein Gesicht zu geben, sondern eine Persönlichkeit, die Dein Publikum sofort wiedererkennt. Branding ist der Prozess, durch den Du Deiner Zielgruppe verrätst, wer Du bist, womit Du Dich beschäftigst und warum Du besser als Deine Mitbewerber bist. Dieses vierte Kapitel beleuchtet, was Branding wirklich ist, warum es so wichtig ist und wie Du es schaffst, Deine Persönlichkeit und Dein Geschäft so zu profilieren, dass sie herausstechen.

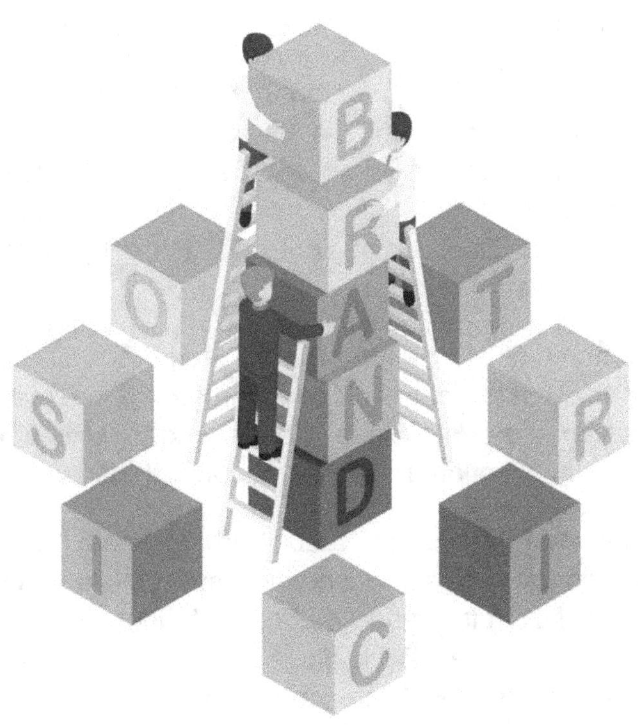

4.1. Grundlagen des Brandings: Was es bedeutet und warum es zählt

Im Herzen des Affiliate-Marketings liegt das Branding, das mehr als nur ein visuelles Symbol oder ein klangvoller Firmenname ist. Es ist die Verkörperung Deiner Unternehmensidentität, die Deine Werte, Visionen und Ziele umfasst. Ein effektives Branding hebt Dich von anderen Affiliates ab und schafft eine emotionale Verbindung mit Deinem Publikum.

Branding bedeutet, eine Geschichte zu erzählen, die Dein Publikum anspricht und Emotionen hervorruft. Diese Geschichte vermittelt, wer Du bist und was Dich von der Konkurrenz unterscheidet. Ein starkes Branding macht Deine Werbebotschaften überzeugender und erhöht die Wahrscheinlichkeit, dass Dein Publikum auf Deine Empfehlungen reagiert. Es geht darum, ein Versprechen an Dein Publikum zu geben und dieses in jeder Interaktion zu erfüllen.

Der Prozess des Brandings beginnt mit der Festlegung Deiner Kernwerte und der Botschaft, die Du vermitteln möchtest. Deine Marke sollte Deine Persönlichkeit und Deinen einzigartigen Ansatz im Markt reflektieren. Dabei ist Branding ein fortlaufender Prozess, der mit dem ersten Eindruck beginnt und sich mit jeder Interaktion entwickelt.

Die Definition und Positionierung Deiner Marke erfordert sorgfältige Überlegungen. Was macht Dich einzigartig, und wie möchtest Du wahrgenommen werden? Diese Überlegungen sollten in Deiner gesamten Kommunikation und Präsentation sichtbar sein.

Visuelle Elemente wie Logos und Farbschemata sind wichtige Aspekte Deines Brandings. Sie sind die visuellen Hinweise, die Dein Publikum instinktiv mit Deiner Marke verbindet. Ein gutes Logo vermittelt auf den ersten Blick die Essenz Deiner Marke und ist unverwechselbar. Bei der Wahl der Farben und des Designs ist Konsistenz entscheidend, um Deine Markenpersönlichkeit zu unterstützen.

Das Design Deiner Webseite, Landing Pages und Marketingmaterialien sollte professionell sein und Dein Markenimage verstärken. Ein kohärentes Design vermittelt Professionalität und Glaubwürdigkeit. Deine visuelle Identität ist oft der erste Eindruck, den jemand von Deiner Marke hat, und sollte daher überzeugend sein.

Zusammenfassend ist ein starkes Branding im Affiliate-Marketing entscheidend. Es gibt Dir Glaubwürdigkeit, Vertrauen und führt zu einer besseren Konversionsrate. Im nächsten Kapitel werden wir uns ansehen, wie Du hochwertige Inhalte erstellst, die Deine Marke widerspiegeln und Deine Zielgruppe effektiv erreichen.

4.2. Deine Marke definieren und positionieren

Die erfolgreiche Definition und Positionierung Deiner Marke im Affiliate-Marketing ist eine subtile Kunst, die weit über das bloße Erstellen eines Logos oder die Auswahl von Farbschemata hinausgeht. Es erfordert ein tiefes Verständnis dafür, wer Du bist, was Du anbietest und warum jemand gerade mit Dir Geschäfte machen sollte. Bei der Entwicklung Deiner Marke geht es darum, Deine Einzigartigkeit, Deine Kernwerte und Dein Engagement für Deine Zielgruppe sichtbar zu machen.

Das Fundament einer starken Marke liegt in der Klarheit darüber, was Dich und Dein Angebot besonders macht. Dies kann Deine spezielle Expertise in einer Nische, Deine Fähigkeit, komplexe Themen zugänglich zu machen, oder Deine authentische Art sein, Produkte zu bewerten und zu empfehlen. Um Deine Marke zu definieren, solltest Du zunächst Deine Stärken und Leidenschaften identifizieren. Sie sind der Schlüssel, um eine Verbindung zu Deinem Publikum aufzubauen und Dich von anderen Affiliates abzuheben.

Ein weiterer entscheidender Aspekt beim Aufbau Deiner Marke ist das Festlegen Deiner Kernwerte. Sie sind der Leitstern für alles, was Du tust – von der Art und Weise, wie Du kommunizierst, bis hin zu den Produkten, die Du bewirbst. Deine Werte könnten sich auf Transparenz, Qualität, Kundenzufriedenheit oder Nachhaltigkeit konzentrieren. Sie helfen nicht nur dabei, Deine Marke zu formen, sondern gewährleisten auch, dass Du in all Deinen Bemühungen konsistent bleibst.

Neben der Kenntnis Deiner eigenen Stärken und Werte ist das Verständnis Deiner Zielgruppe unerlässlich. Wer sind Deine idealen Kunden? Was bewegt sie, und welche Probleme versuchen sie zu lösen? Indem Du ein klares Bild von Deiner Zielgruppe hast, kannst Du Deine Marketingstrategien effektiver gestalten und sicherstellen, dass Deine Botschaften resonieren.

Die Positionierung Deiner Marke ist ein fortlaufender Prozess, der Anpassungsfähigkeit und Marktforschung erfordert. Beobachte kontinuierlich die Trends in Deiner Nische und sei bereit, Deine Strategien anzupassen, um relevant zu bleiben. Analysiere die Strategien Deiner Wettbewerber, um zu verstehen, wie sie sich positionieren, und überlege, wie Du Dich davon abheben kannst. Dies könnte durch die Hervorhebung eines einzigartigen Merkmals Deiner Produkte, durch eine außergewöhnliche Kundenbetreuung oder durch die Schaffung von Inhalten, die in Deiner Nische einzigartig sind, geschehen.

Die Definition Deiner Marke schließt auch die visuelle Repräsentation ein. Das Logo, die Farbpalette und das allgemeine Design Deiner Website und Deiner Werbematerialien sollten Deine Markenwerte widerspiegeln und eine konsistente Botschaft vermitteln. Ein effektives visuelles Branding macht Deine Marke sofort erkennbar und unterstützt den Aufbau einer emotionalen Verbindung mit Deinem Publikum.

Vergiss nicht, dass Deine Marke eine Geschichte erzählt. Jedes Element, von Deiner Website bis zu Deinen Social-Media-Beiträgen, sollte Teil dieser Geschichte sein. Deine Inhalte sollten nicht nur informativ, sondern auch inspirierend sein und Deinem Publikum einen Mehrwert bieten. Denke daran, dass Menschen Marken nicht nur wegen ihrer Produkte wählen, sondern auch wegen der Geschichte, die sie erzählen und der Werte, die sie repräsentieren.

Letztlich geht es beim Branding darum, Vertrauen zu schaffen. Deine Zielgruppe sollte das Gefühl haben, dass sie Dich kennt und Dir vertrauen kann. Dieses Vertrauen ist entscheidend, um langfristige Kundenbeziehungen aufzubauen und letztendlich Dein Affiliate-Marketing-Geschäft erfolgreich zu machen. Deine Marke ist Dein Versprechen an Deine Kunden, und die Erfüllung dieses Versprechens in jedem Aspekt Deines Geschäfts ist der Schlüssel zum Erfolg.

Indem Du Deine Marke sorgfältig definierst und positionierst, setzt Du Dich nicht nur von der Konkurrenz ab, sondern schaffst auch eine dauerhafte Beziehung zu Deinem Publikum. Diese Beziehung ist das Fundament für Deinen Erfolg im Affiliate-Marketing. Im nächsten Kapitel werden wir tiefer in die Welt der Inhaltskreation eintauchen und untersuchen, wie Du Inhalte kreierst, die Deine Markenbotschaft verstärken und Dein Publikum effektiv erreichen.

4.3. Der visuelle Auftritt Deiner Brand: Logos, Farben und Design

Im Affiliate-Marketing spielt der visuelle Auftritt Deiner Marke eine entscheidende Rolle. Dein Logo, die Farben und das Gesamtdesign sind wesentliche Bestandteile, die Deiner Marke Persönlichkeit und Wiedererkennbarkeit verleihen. Ein gut gestaltetes Logo ist mehr als nur ein Symbol; es ist ein visuelles Statement, das die Essenz Deiner Marke einfängt und auf den ersten Blick kommuniziert. Es sollte einprägsam, unverwechselbar und in verschiedenen Größen und Kontexten funktionsfähig sein.

Die Farbwahl für Deine Marke ist enorm wichtig, da Farben bestimmte Emotionen und Assoziationen auslösen können. Die richtigen Farben können helfen, die Persönlichkeit Deiner Marke zu stärken und eine emotionale Verbindung zu Deinem Publikum aufzubauen. Warme Farben wie Rot oder Orange können Energie und Leidenschaft vermitteln, während Blautöne Vertrauen und Professionalität ausstrahlen können.

Konsistenz im Design ist unerlässlich, um Vertrauen und Wiedererkennung zu fördern. Dies beinhaltet die einheitliche Verwendung von Logos, Farben, Schriftarten und anderen Designelementen. Ein konsistentes Design vermittelt Professionalität und Zuverlässigkeit und ermöglicht es Deinem Publikum, Deine Marke auf einen Blick zu erkennen, egal wo sie darauf treffen.

Gutes Design ist nicht nur ästhetisch ansprechend, sondern auch funktional. Es sollte die Nutzererfahrung auf Deiner Website und anderen Plattformen verbessern. Ein intuitives und benutzerfreundliches Design erleichtert es Deinem Publikum, sich zurechtzufinden und die gewünschten Aktionen auszuführen. Eine gut durchdachte Designstrategie führt zu einer höheren Benutzerzufriedenheit und letztendlich zu höheren Konversionsraten.

Während Konsistenz wichtig ist, darf Dein Branding nicht starr sein. Sei offen für Veränderungen in Deinem Design, um mit aktuellen Trends Schritt zu halten und weiterhin mit Deinem Publikum zu resonieren. Diese Entwicklung sollte jedoch stets im Einklang mit Deinen Markenwerten und Deinem Kernversprechen bleiben.

In vielen Fällen kann es sinnvoll sein, professionelle Designer oder Branding-Experten einzubeziehen, die Dir dabei helfen, ein visuelles Branding zu entwickeln, das sowohl ästhetisch als auch funktional ist und Deine Markenwerte effektiv kommuniziert.

Die sorgfältige Planung und Gestaltung Deines visuellen Brandings ist ein entscheidender Schritt auf dem Weg zum Erfolg im Affiliate-Marketing. Es ermöglicht Dir, eine unverwechselbare und ansprechende Marke zu schaffen, die Dein Publikum anspricht und langfristige Beziehungen fördert. Im nächsten Kapitel erforschen wir, wie Du hochwertige Inhalte kreierst, die Deine Marke widerspiegeln und Deine Zielgruppe effektiv erreichen.

Kapitel 5: Erstellung von Inhalten, die verkaufen: Dein Weg zur Conversion

Kreative Inhalte sind das Herzstück der Kommunikation im Affiliate-Marketing. Sie sind es, die Dein Publikum anziehen, binden und letztlich überzeugen sollen, Deine Affiliate-Links zu klicken und Käufe zu tätigen. Dieses Kapitel offenbart, warum maßgeschneiderte Inhalte unerlässlich sind und wie sie Dein Publikum nicht nur unterhalten, sondern auch aktiv zum Handeln bewegen können. Erfahre, wie Du mit gebrandeten Inhalten Beziehungen aufbaust, Vertrauen schaffst und eine Brücke zwischen Deinem Publikum und den Produkten, die Du bewirbst, schlägst.

5.1. Strategien zur Generierung von Content, der ankommt

In der Welt des Affiliate-Marketings ist es entscheidend, Inhalte zu erstellen, die nicht nur Aufmerksamkeit erregen, sondern auch die gewünschte Aktion beim Publikum hervorrufen: den Klick auf Affiliate-Links und den abschließenden Kauf. Um dieses Ziel zu erreichen, bedarf es einer sorgfältig ausgearbeiteten Strategie zur Generierung von Content, der genau auf die Bedürfnisse und Interessen Deiner Zielgruppe abgestimmt ist. In diesem umfangreichen Abschnitt werden wir uns intensiv damit beschäftigen, wie Du Content erstellen kannst, der nicht nur Dein Publikum erreicht, sondern es auch aktiv zum Handeln bewegt.

Zunächst ist es wichtig, ein tiefes Verständnis für Deine Zielgruppe zu entwickeln. Wer sind sie? Was bewegt sie? Welche Probleme haben sie, und wie kann Dein Content dazu beitragen, diese Probleme zu lösen? Diese Fragen sind der Schlüssel zur Erstellung von Content, der wirklich resoniert. Ein effektiver Weg, um diese Einsichten zu gewinnen, ist die Durchführung von Umfragen, die Teilnahme an Forendiskussionen und die Analyse von Social-Media-Trends. Dies kann Dir helfen, die Sprache, die Interessen und die Schmerzpunkte Deiner Zielgruppe besser zu verstehen.

Sobald Du ein klares Bild von Deiner Zielgruppe hast, geht es darum, Inhalte zu erstellen, die einen echten Mehrwert bieten. Dies kann auf verschiedene Weisen geschehen. Zum Beispiel durch informative Blogposts, die komplexe Themen einfach und verständlich erklären, oder durch Unterhaltungsinhalte, die gleichzeitig lehrreich und ansprechend sind. Inspirierende Erfolgsgeschichten oder Fallstudien können ebenfalls ein mächtiges Werkzeug sein, um Dein Publikum zu motivieren und zu zeigen, wie die Produkte, die Du bewirbst, echte Probleme lösen können.

Die Relevanz Deiner Inhalte wird auch durch die Verwendung von SEO-Praktiken und Keyword-Recherche erhöht. Dies stellt sicher, dass Dein Content von Suchmaschinen gefunden wird und Deine Zielgruppe erreicht. Es ist aber auch wichtig, das richtige Format für Deine Inhalte zu wählen. Einige Themen eignen sich besser für visuelle Darstellungen wie Infografiken oder Videos, während andere als detaillierte Textbeiträge oder Podcasts effektiver sind. Die Auswahl des richtigen Formats hängt nicht nur von dem Thema ab, sondern auch von den Vorlieben Deiner Zielgruppe.

Ein weiterer wichtiger Aspekt ist die Authentizität und Markenbindung Deiner Inhalte. Deine Inhalte sollten Deine Markenwerte, Deinen Stil und Deine Unique Selling Propositions (USPs) widerspiegeln. Dies schafft nicht nur eine stärkere Bindung zu Deinem Publikum, sondern stärkt auch das Vertrauen in Deine Marke. Geschichten, die Deine Marke und ihre Werte in den Vordergrund stellen, können besonders wirkungsvoll sein, um eine emotionale Verbindung aufzubauen.

Es ist auch unerlässlich, Deine Content-Strategie ständig zu überprüfen und anzupassen. Das Online-Verhalten und die Vorlieben Deiner Zielgruppe können sich im Laufe der Zeit ändern, und es ist wichtig, dass Dein Content sich ebenfalls weiterentwickelt. Nutze Analysen und Feedback, um zu verstehen, welche Arten von Inhalten am besten funktionieren und welche weniger gut ankommen.

Abschließend ist es wichtig zu betonen, dass der Schlüssel zu erfolgreichem Content im Affiliate-Marketing in der Fähigkeit liegt, eine Geschichte zu erzählen, die Deine Marke und die beworbenen Produkte nahtlos integriert. Es geht darum, eine narrative Verbindung zu schaffen, die Dein Publikum nicht nur informiert und unterhält, sondern auch emotional anspricht. Storytelling kann eine mächtige Technik sein, um komplexe Informationen zugänglicher zu machen und eine tiefere, emotionalere Verbindung zu Deiner Zielgruppe aufzubauen. Geschichten über Menschen, die von den beworbenen Produkten profitiert haben, oder kreative Szenarien, die die Verwendung der Produkte in realen Situationen zeigen, können sehr wirkungsvoll sein.

Zudem ist es wichtig, die Interaktion mit Deinem Publikum zu fördern. Interaktiver Content, der zur Teilnahme einlädt, wie Umfragen, Quizze oder Wettbewerbe, kann dazu beitragen, Deine Zielgruppe stärker einzubinden und das Engagement zu erhöhen. Dies fördert nicht nur die Markentreue, sondern erhöht auch die Wahrscheinlichkeit, dass Dein Publikum Deine Inhalte teilt und weiterempfiehlt.

Die Integration von Social-Media-Plattformen in Deine Content-Strategie ist ebenfalls unerlässlich. Verschiedene Plattformen haben unterschiedliche Stärken und demografische Merkmale. Ein tiefes Verständnis dafür, wie Deine Zielgruppe diese Plattformen nutzt, kann Dir helfen, Deine Inhalte effektiver zu verbreiten und zu teilen. Denke auch daran, Deine Inhalte für mobile Geräte zu optimieren, da ein wachsender Anteil der Online-Interaktionen auf mobilen Geräten stattfindet.

Zusätzlich zur Erstellung von Content ist es wichtig, eine starke Content-Verbreitungsstrategie zu haben. Dies bedeutet, Partnerschaften mit anderen Bloggern, Influencern oder Marken zu etablieren, die helfen können, Deine Reichweite zu vergrößern. Influencer-Marketing kann beispielsweise eine effektive Möglichkeit sein, Deine Botschaft durch Personen, die bereits das Vertrauen ihrer Follower haben, zu verbreiten.

Ein weiterer Aspekt, der nicht übersehen werden sollte, ist die Messung des Erfolgs Deiner Content-Strategie. Dies beinhaltet das Tracking von Key Performance Indicators (KPIs) wie Klickzahlen, Conversion-Raten, Engagement und Reichweite. Die Analyse dieser Daten gibt Dir wertvolle Einblicke, die Du nutzen kannst, um Deine Strategie zu verfeinern und zu verbessern.

Zusammenfassend lässt sich sagen, dass die Erstellung von Content, der wirklich ankommt und konvertiert, eine Kombination aus tiefem Verständnis der Zielgruppe, kreativer Erzählkunst, strategischer Planung und kontinuierlicher Optimierung erfordert. Durch die Berücksichtigung all dieser Elemente kannst Du eine Content-Strategie entwickeln, die nicht nur Deine Marke stärkt, sondern auch zu realen Konversionen führt und somit den Erfolg Deiner Affiliate-Marketing-Bemühungen maximiert.

5.2. Die Zielgruppe mit Deinem Content erreichen

Die Kunst, Dein Publikum mit Deinem Content zu erreichen und zu beeinflussen, erfordert mehr als nur das Erstellen guter Inhalte. Es geht darum, ein tiefes Verständnis Deiner Zielgruppe zu entwickeln und die Kommunikation genau auf ihre Bedürfnisse und Präferenzen abzustimmen. In diesem ausführlichen Abschnitt werden wir uns damit befassen, wie Du Deine Zielgruppe effektiv erreichst und mit Deinem Content einen bleibenden Eindruck hinterlässt.

Zu Beginn ist es entscheidend, die Präsenz und das Verhalten Deiner Zielgruppe in der digitalen Welt zu verstehen. Wo hält sich Deine Zielgruppe online auf? Welche sozialen Plattformen nutzen sie, und welche Art von Content bevorzugen sie? Die Antworten auf diese Fragen werden Dir dabei helfen, Deine Content-Strategie entsprechend auszurichten. Ob Deine Zielgruppe auf visuelle Inhalte wie Videos und Infografiken, auf textbasierte Inhalte wie Blogs und Artikel, oder auf interaktive Formate wie Umfragen und Quizze anspricht, ist entscheidend für den Erfolg Deiner Bemühungen.

Sobald Du die Vorlieben Deiner Zielgruppe kennst, kannst Du Inhalte erstellen, die maßgeschneidert auf ihre Bedürfnisse zugeschnitten sind. Dies bedeutet, emotionale, erzieherische und unterhaltsame Elemente zu kombinieren, um Inhalte zu schaffen, die nicht nur informieren, sondern auch bewegen und unterhalten. Es geht darum, eine emotionale Verbindung aufzubauen, die über bloße Informationen hinausgeht. Geschichten, die Deine Zielgruppe direkt ansprechen und ihre alltäglichen Erfahrungen und Herausforderungen widerspiegeln, sind hier besonders wirkungsvoll.

Ein weiterer wichtiger Aspekt ist die Personalisierung der Kommunikation. In einer Welt, in der die Menschen täglich mit einer Flut von Informationen konfrontiert werden, ist es wichtig, dass Dein Content heraussticht. Personalisierte E-Mails, zielgruppenspezifische Blogposts und individuell angepasste Social-Media-Posts können hier einen großen Unterschied machen. Sie zeigen Deinem Publikum, dass Du ihre Bedürfnisse und Interessen verstehst und wertschätzt, und erhöhen die Wahrscheinlichkeit, dass sie mit Deinem Content interagieren und ihn teilen.

Die Schaffung einer Community um Deine Marke ist ebenfalls ein Schlüsselelement, um Deine Zielgruppe zu erreichen. Dies kann durch interaktive Elemente wie Kommentarbereiche, Foren oder Social-Media-Gruppen gefördert werden. Hier können sich Deine Follower austauschen, Fragen stellen und Feedback geben. Eine aktive Community schafft nicht nur Loyalität gegenüber Deiner Marke, sondern bietet auch wertvolle Einblicke in die Wünsche und Bedürfnisse Deiner Zielgruppe.

Das E-Mail-Marketing ist ein weiterer wichtiger Kanal, um Dein Publikum direkt zu erreichen. Durch regelmäßige Newsletter, exklusive Angebote und personalisierte Nachrichten kannst Du eine stärkere Beziehung zu Deinen Followern aufbauen. Das E-Mail-Marketing ermöglicht es Dir, Deine Botschaft direkt in das Postfach Deiner Zielgruppe zu liefern und so eine konstante Präsenz in ihrem Alltag zu etablieren.

Die Nutzung von Daten und Analysen ist unerlässlich, um zu verstehen, wie Dein Content ankommt und welche Strategien am effektivsten sind. Durch das Tracking von Engagement-Raten, Klickzahlen und Konversionsraten kannst Du ein tiefes Verständnis dafür entwickeln, welche Inhalte resonieren und welche Anpassungen erforderlich sind, um Deine Strategie zu optimieren.

Zusätzlich ist es wichtig, Deine Inhalte über verschiedene Kanäle zu verbreiten. Jeder Kanal hat seine eigenen Stärken und spricht unterschiedliche Segmente Deiner Zielgruppe an. Durch eine plattformübergreifende Verbreitung kannst Du sicherstellen, dass Deine Inhalte eine breite und vielfältige Reichweite erzielen. Dies kann bedeuten, dass Du denselben Inhalt in verschiedenen Formaten für verschiedene Plattformen aufbereitest – zum Beispiel ein detaillierter Blogpost, der in eine Serie von Tweets aufgeteilt wird, oder ein Video, das sowohl auf YouTube als auch in gekürzter Form auf Instagram gepostet wird.

Ein weiterer wichtiger Aspekt ist die Schaffung von Inhalten, die zum Teilen anregen. Inhalte, die emotionale Reaktionen hervorrufen, sei es durch Humor, Inspiration oder tiefe Einblicke, werden eher geteilt und kommentiert. Dies trägt zur viralen Verbreitung bei und erhöht die organische Reichweite Deiner Marke. Hierbei ist es auch hilfreich, Dein Publikum direkt zum Handeln aufzufordern, sei es durch das Teilen von Posts, das

Hinterlassen von Kommentaren oder die Teilnahme an Diskussionen.

Zudem ist es entscheidend, auf Feedback und Interaktionen schnell und authentisch zu reagieren. Ein aktives Community-Management, das auf Kommentare und Anfragen eingeht, zeigt Deinem Publikum, dass Du ihre Meinungen wertschätzt und bereit bist, ein offenes Ohr für ihre Bedürfnisse und Anliegen zu haben. Dies baut Vertrauen auf und fördert eine langfristige Beziehung zwischen Deiner Marke und Deinem Publikum.

Neben diesen digitalen Strategien kann auch die Einbindung von Offline-Elementen in Deine Content-Strategie von Vorteil sein. Veranstaltungen, Meet-ups oder Kooperationen mit Offline-Medien können dazu beitragen, Deine Marke in der realen Welt zu verankern und eine Brücke zwischen Online- und Offline-Interaktionen zu schlagen.

Abschließend ist es wichtig, den Fokus auf Langfristigkeit zu legen. Der Aufbau einer loyalen Zielgruppe und das Erreichen nachhaltiger Konversionen ist ein Prozess, der Zeit und Geduld erfordert. Es geht nicht darum, schnelllebige Erfolge zu erzielen, sondern eine dauerhafte Beziehung zu Deinem Publikum aufzubauen. Dies erfordert konstante Anpassungen, Lernen aus Fehlern und die Bereitschaft, neue Ansätze auszuprobieren.

Insgesamt erfordert das Erreichen Deiner Zielgruppe mit Deinem Content eine Kombination aus tiefem Verständnis, kreativer Anpassungsfähigkeit, strategischer Planung und dem Willen zur ständigen Optimierung. Durch die Berücksichtigung dieser vielfältigen Aspekte kannst Du eine starke Verbindung zu Deinem Publikum aufbauen, die nicht nur die Reichweite und das Engagement erhöht, sondern auch zu echten Konversionen und langfristigem Erfolg im Affiliate-Marketing führt.

5.3. Diversifikation Deiner Content-Formate für mehr Reichweite

In der Welt des Affiliate-Marketings ist die Diversifikation der Content-Formate entscheidend für den Erfolg. Ein vielfältiges Content-Angebot ermöglicht es Dir, eine breitere Zielgruppe zu erreichen und unterschiedliche Bedürfnisse und Vorlieben Deines Publikums anzusprechen. In diesem umfassenden Abschnitt werden wir uns eingehend damit beschäftigen, wie Du verschiedene Content-Formate nutzen und Deine Reichweite maximieren kannst.

Zu Beginn ist es wichtig zu verstehen, dass verschiedene Menschen unterschiedliche Vorlieben haben, wenn es um den Konsum von Inhalten geht. Einige bevorzugen textbasierte Inhalte wie Blogposts oder Artikel, während andere visuelle Inhalte wie Videos oder Infografiken bevorzugen. Wieder andere könnten Audioformate wie Podcasts bevorzugen. Durch die Bereitstellung einer Vielzahl von Content-Formaten kannst Du sicherstellen, dass Du die unterschiedlichen Bedürfnisse Deiner Zielgruppe erfüllst.

Die Erstellung von Blogposts ist eine grundlegende Methode, um Deine Zielgruppe zu erreichen. Blogposts bieten Dir die Möglichkeit, tief in ein Thema einzutauchen und umfassende Informationen zu liefern. Sie eignen sich hervorragend, um Deine Expertise in einem bestimmten Bereich zu demonstrieren und Dein Publikum mit wertvollen Einsichten und Lösungen zu versorgen. Darüber hinaus sind sie für Suchmaschinenoptimierung (SEO) wichtig, was Deine Sichtbarkeit in Suchmaschinenergebnissen erhöht.

Videos sind ein weiteres mächtiges Werkzeug in Deinem Content-Arsenal. Sie sind besonders wirksam, um komplexe Informationen auf eine leicht verständliche und ansprechende Weise zu vermitteln. Videos können auch emotionale Elemente besser transportieren als Text und somit eine tiefere Verbindung zum Publikum herstellen. Zudem sind sie sehr beliebt in sozialen Medien und können helfen, die Reichweite Deiner Marke zu erhöhen.

Podcasts sind ein weiteres Format, das in den letzten Jahren an Popularität gewonnen hat. Sie bieten die Möglichkeit, Deine Zielgruppe auch unterwegs zu erreichen, sei es beim Pendeln, beim Sport oder während der Pausen. Podcasts ermöglichen eine persönlichere und intimere Form der Kommunikation und können dabei helfen, eine starke Beziehung zu Deinem Publikum aufzubauen.

Infografiken sind ein effektives Werkzeug, um komplexe Daten und Statistiken auf eine leicht verdauliche und ansprechende Weise zu präsentieren. Sie eignen sich hervorragend, um Forschungsergebnisse, Anleitungen oder schnelle Tipps zu vermitteln. Durch ihre visuelle Natur sind sie besonders shareable in sozialen Netzwerken und können helfen, Deine Inhalte viral gehen zu lassen.

E-Books und Whitepapers sind ebenfalls wichtige Content-Formate, insbesondere wenn es darum geht, Deine Expertise in einem Thema zu demonstrieren. Sie bieten die Möglichkeit, tief in ein Thema einzutauchen und umfassende, detaillierte Informationen bereitzustellen. Diese Formate eignen sich auch hervorragend für Lead-Generierung, da sie oft im Austausch für Kontaktinformationen angeboten werden.

Neben der Auswahl der richtigen Formate ist es auch entscheidend, diese Inhalte über multiple Kanäle zu verbreiten. Jeder Kanal hat seine eigenen Stärken und Zielgruppen. So kannst Du beispielsweise Blogposts auf Deiner Webseite veröffentlichen, Videos auf YouTube und sozialen Medien teilen und Podcasts auf Plattformen wie Spotify oder Apple Podcasts anbieten.

Cross-Promotion ist eine weitere wichtige Strategie, um die Reichweite Deiner Inhalte zu maximieren. Du kannst zum Beispiel Deine Blogposts in Deinen Newslettern bewerben oder in Deinen Videos auf Deine Infografiken verweisen. Diese Vernetzung der verschiedenen Inhalte schafft ein integriertes Content-Erlebnis, das Deinem Publikum einen Mehrwert bietet und sie dazu ermutigt, tiefer in Deine Inhalte einzutauchen.

Es ist auch wichtig, Deine Inhalte regelmäßig zu aktualisieren und neu zu veröffentlichen. Dies hält Deine Inhalte frisch und relevant und bietet Dir die Möglichkeit, sie an neue Trends und Entwicklungen anzupassen. So kannst Du beispielsweise ältere Blogposts aktualisieren, um neue Informationen oder Perspektiven hinzuzufügen, oder ein beliebtes Video in einem neuen Format oder mit einem aktualisierten Fokus wiederveröffentlichen.

Die Integration von User-Generated Content (UGC) kann ebenfalls eine wirkungsvolle Strategie sein, um Deine Content-Reichweite zu erhöhen. Indem Du Dein Publikum ermutigst, eigene Inhalte zu erstellen und zu teilen, die in Verbindung mit Deiner Marke oder Deinen Produkten stehen, kannst Du eine engagierte Community aufbauen und gleichzeitig authentische und überzeugende Inhalte generieren.

Ein weiterer Aspekt, der nicht übersehen werden darf, ist die Messung und Analyse der Performance Deiner Inhalte über verschiedene Formate hinweg. Durch das Verfolgen von Metriken wie Views, Shares, Likes und Kommentaren kannst Du ein besseres Verständnis dafür entwickeln, welche Formate und Themen bei Deinem Publikum am besten ankommen und entsprechende Anpassungen vornehmen.

Zusammenfassend lässt sich sagen, dass die Diversifikation Deiner Content-Formate eine entscheidende Rolle in der erfolgreichen Umsetzung Deiner Affiliate-Marketing-Strategie spielt. Durch die Nutzung einer breiten Palette von Formaten und die Verbreitung über multiple Kanäle kannst Du sicherstellen, dass Du eine breite und vielfältige Zielgruppe erreichst. Gleichzeitig bietet es Dir die Möglichkeit, tiefergehende und bedeutungsvollere Beziehungen zu Deinem Publikum aufzubauen. Die Kombination aus strategischer Planung, kreativer Umsetzung und fortlaufender Analyse und Optimierung wird es Dir ermöglichen, Deine Reichweite zu maximieren und den Erfolg Deines Affiliate-Marketings zu steigern.

Kapitel 6: Marketingstrategien, die wirken: Bekannt werden im Netz

Deine Reise im Affiliate-Marketing ist bis zu diesem Punkt gekommen – Du hast Deinen Markenkern definiert und hochwertige Inhalte kreiert. Jetzt steht der nächste entscheidende Schritt bevor: die Entwicklung und Umsetzung einer wirksamen Marketingstrategie. Hier kombiniert sich alles, was Du bisher erarbeitet hast, um Deine Zielgruppe nicht nur zu erreichen, sondern auch zu aktivieren und letztlich zum Kauf zu bewegen. Lasse uns strategische Pfade erkunden, die Dein Affiliate-Geschäft in die Sphären des Erfolgs führen.

6.1. Erstellung einer effektiven Marketingstrategie

Die Erstellung einer wirksamen Marketingstrategie im Affiliate-Marketing ähnelt dem Dirigieren eines Orchesters, bei dem jedes Instrument genau zum richtigen Zeitpunkt zum Einsatz kommen muss, um eine harmonische Symphonie zu erschaffen. Eine gut durchdachte Marketingstrategie bildet das Rückgrat des Erfolgs im Affiliate-Marketing. Sie baut auf klar definierten Marketingzielen auf, die nach dem SMART-Prinzip gestaltet sein sollten – spezifisch, messbar, erreichbar, relevant und zeitgebunden. Diese Ziele geben Deiner gesamten Strategie Richtung und Zweck.

Ein tieferes Verständnis Deiner Zielgruppe ist unabdingbar, um Deine Botschaften effektiv zu gestalten und zu positionieren. Wer ist Dein idealer Kunde? Was sind ihre Bedürfnisse, Wünsche und Probleme, und wie kannst Du diese adressieren? Diese Fragen sind entscheidend, um Inhalte und Kampagnen zu kreieren, die Deine Zielgruppe ansprechen und zum Handeln bewegen. Es geht darum,

Deine Botschaften dort zu platzieren, wo sich Deine Zielgruppe bereits aufhält, sei es in sozialen Netzwerken, Suchmaschinen oder spezialisierten Foren.

Die Auswahl der richtigen Marketingkanäle ist ein weiterer kritischer Aspekt. Solltest Du Dich auf Content-Marketing, Pay-Per-Click-Werbung, E-Mail-Marketing oder soziale Medien konzentrieren? Die Beantwortung dieser Frage hängt von Deinen Zielen und Deiner Zielgruppe ab. Jeder Kanal hat seine eigenen Stärken und erfordert eine spezifische Herangehensweise. Eine Cross-Channel-Strategie, die verschiedene Kanäle integriert, kann dabei helfen, die breitestmögliche Wirkung zu erzielen.

Das Herzstück Deiner Marketingstrategie ist der ROI, der Return on Investment. Es ist daher unerlässlich, Tracking- und Analysewerkzeuge zu verwenden, um den Erfolg Deiner Strategien zu messen und entsprechend anzupassen. Durch das Setzen klarer Messgrößen und Benchmarks kannst Du Deinen Fortschritt verfolgen und herausfinden, was funktioniert und was nicht.

In der heutigen Zeit ist es zudem unerlässlich, aktuelle Trends und Technologien in Deine Strategie zu integrieren. Die Nutzung von KI und Automatisierungstechnologien spielt eine immer größere Rolle und hilft dabei, Marketingstrategien zu optimieren und effizienter zu gestalten. Diese Werkzeuge ermöglichen es, Verhaltensmuster der Konsumenten zu identifizieren, Trends vorherzusagen und die Marketingbemühungen entsprechend anzupassen. Insbesondere im Kontext von Affiliate-Marketing ist die Anpassung an diese technologischen Fortschritte entscheidend, um wettbewerbsfähig zu bleiben und die Effizienz der Marketingaktivitäten zu steigern.

Die Qualität des Contents hat sich als entscheidender Faktor im Affiliate-Marketing herauskristallisiert. Die Zeiten, in denen Quantität über Qualität ging, sind vorbei. Suchmaschinen und Konsumenten bevorzugen heute Inhalte, die echten Mehrwert bieten. Um in diesem Umfeld erfolgreich zu sein, müssen Affiliates sich auf die Erstellung von hochwertigem, informativem und ansprechendem Content konzentrieren. Dies schließt umfassende

Produktbewertungen, detaillierte Leitfäden und relevante multimediale Elemente ein. Hochwertiger Content verbessert nicht nur das SEO-Ranking, sondern baut auch Vertrauen bei der Zielgruppe auf und erhöht somit die Wahrscheinlichkeit von Konversionen.

Ein weiterer Trend im Affiliate-Marketing ist die zunehmende Betonung von Nachhaltigkeit. Sowohl Konsumenten als auch Suchmaschinen zeigen eine wachsende Vorliebe für umweltfreundliche und sozial verantwortliche Praktiken. Affiliates passen sich an, indem sie nachhaltige Produkte bewerben, grüne Initiativen unterstützen und ihre Kampagnen mit ethischen Werten in Einklang bringen. Nachhaltigkeit ist nicht nur ein Schlagwort, sondern spiegelt die sich ändernden Verbraucherwerte wider. Affiliates, die Nachhaltigkeit in ihre Strategien integrieren, tragen nicht nur zu einem besseren Planeten bei, sondern resonieren auch mit einem sozial bewussten Publikum, was zu erhöhten Konversionen und Markentreue führt.

Die Auswahl des richtigen Nischenmarktes ist ein weiterer entscheidender Schritt. Es geht darum, ein Gleichgewicht zwischen Leidenschaft und Rentabilität zu finden. Eine sorgfältige Recherche hilft dabei, Nischen mit gesunder Nachfrage und angemessenem Wettbewerbsniveau zu identifizieren. Effektive Keyword-Recherche und eine eingehende Analyse der Konkurrenz sind ebenfalls unerlässlich, um potenzielle Nischen zu bewerten und einzigartige Werte oder Perspektiven zu bieten, die Du in Deinem gewählten Markt anbieten kannst.

Insgesamt hängt der Erfolg im Affiliate-Marketing von der Implementierung effektiver Strategien ab. Diese umfassen die Formulierung einer klaren Strategie, die Berücksichtigung von Trends und Technologien, die Qualität des Contents, die Betonung von Nachhaltigkeit sowie die Auswahl und Analyse des richtigen Nischenmarktes. Indem Du diese Aspekte in Deine Marketingstrategie integrierst und kontinuierlich anpasst, kannst Du eine starke Grundlage für den Erfolg im Affiliate-Marketing schaffen.

6.2.   Marketingkanäle: Auswahl   und Nutzung

In der dynamischen Welt des Affiliate-Marketings im Jahr 2024 spielen verschiedene Marketingkanäle eine zentrale Rolle. Ein umfassender und integrativer Ansatz, der traditionelle und moderne digitale Kanäle kombiniert, ist entscheidend für den Erfolg. Zu den Schlüsselkomponenten einer solchen Strategie gehören die Nutzung von Facebook Ads, Google Ads, E-Mail-Marketing sowie die Anpassung an neue Trends und Technologien.

Facebook Ads sind ein mächtiges Werkzeug im Affiliate-Marketing. Die Plattform ermöglicht es, Zielgruppen mit hoher Genauigkeit anzusprechen und zu segmentieren. Dies ist besonders nützlich für personalisierte Werbekampagnen, die auf die spezifischen Interessen und Verhaltensweisen der Nutzer abgestimmt sind. Durch die Erstellung maßgeschneiderter Anzeigen können Affiliates spezifische Segmente ihres Publikums effektiv erreichen und engagieren.

Google Ads, einschließlich YouTube-Werbung, bieten ebenfalls eine unschätzbare Möglichkeit, ein breites Publikum zu erreichen. Die Stärke von Google Ads liegt in der Fähigkeit, Nutzer zu erfassen, die aktiv nach bestimmten Produkten oder Dienstleistungen suchen, was zu qualitativ hochwertigem Traffic und höheren Konversionsraten führt. YouTube erweitert diese Möglichkeiten durch visuelle und interaktive Videoinhalte, die sich ideal für die Präsentation von Produkten eignen.

E-Mail-Marketing bleibt ein wesentlicher Bestandteil einer effektiven Affiliate-Marketing-Strategie. Es ermöglicht direkte und personalisierte Kommunikation mit Zielgruppen und eignet sich hervorragend für die Kundenbindung und das Remarketing. Regelmäßige Newsletter, exklusive Angebote und personalisierte Inhalte können genutzt werden, um bestehende Beziehungen zu stärken und frühere Website-Besucher zu erneuten Käufen zu motivieren.

Darüber hinaus gewinnen datengetriebene Strategien, die Nutzung von KI und Automatisierung sowie die Betonung von Qualität und Nachhaltigkeit in Inhalten zunehmend an Bedeutung. Durch die Verwendung von KI-gesteuerten Tools und Algorithmen können Affiliates Verhaltensmuster der Konsumenten identifizieren und ihre Marketingstrategien entsprechend optimieren.

Inhaltliche Qualität ist ein entscheidender Faktor für den Erfolg. Affiliates müssen sich auf die Erstellung von qualitativ hochwertigem, informativem und ansprechendem Content konzentrieren, um in der heutigen komplexen B2B-Kaufumgebung erfolgreich zu sein. Gleichzeitig spielt das Thema Nachhaltigkeit eine immer größere Rolle, da sowohl Verbraucher als auch Suchmaschinen eine wachsende Vorliebe für umweltfreundliche und sozial verantwortliche Praktiken zeigen.

Ein weiterer Trend ist die steigende Bedeutung von Influencern und Mikro-Influencern. Sie sind besonders wirksam, um Vertrauen durch Authentizität und Fachwissen aufzubauen. Mikro-Influencer bieten oft eine engagiertere und zielgerichtetere Zielgruppe als größere Influencer und können somit eine hohe Engagement-Rate erzielen.

Die Optimierung von Produktseiten für Konversionen ist ebenfalls ein wichtiger Aspekt. Viele Marken investieren in Affiliate-Marketing-Strategien und erwarten, dass ihre Affiliates alleinige Verantwortung für die Konversionen übernehmen. Es ist jedoch entscheidend, dass die Marken selbst sicherstellen, dass die Kunden das Produkt auch tatsächlich kaufen, sobald sie auf den Produktseiten landen.

Zusammenfassend erfordert die Auswahl und Nutzung von Marketingkanälen im Affiliate-Marketing 2024 eine Kombination aus strategischer Planung, Anpassung an neue Technologien und Trends sowie einer engen Zusammenarbeit mit Partnern. Durch die Berücksichtigung dieser Faktoren können Affiliates ihre Reichweite maximieren, ihr Publikum effektiv ansprechen und letztendlich den

Erfolg ihrer Marketingbemühungen steigern. Die Integration von Facebook Ads, Google Ads und E-Mail-Marketing in eine umfassende Affiliate-Marketing-Strategie ermöglicht es, verschiedene Segmente der Zielgruppe über diverse Touchpoints zu erreichen und effektiv mit potenziellen Kunden zu kommunizieren. Darüber hinaus stellen die Berücksichtigung von Influencer-Marketing, die Fokussierung auf nachhaltige Praktiken und die Nutzung von datengetriebenen Strategien zentrale Aspekte dar, die die Effektivität und Reichweite von Affiliate-Marketing-Kampagnen deutlich erhöhen können. Die Kombination aus zielgerichteter Werbung auf Plattformen wie Facebook und Google und einer fortlaufenden, personalisierten Kommunikation über E-Mail ermöglicht eine effektive und umfassende Marketingstrategie, die sowohl Reichweite als auch Engagement maximiert.

6.3. Das Prinzip der Relevanz: 80% Mehrwert und 20% Promotion

Im Zuge des Affiliate-Marketings ist es von entscheidender Bedeutung, eine Strategie zu entwickeln, die einen ausgewogenen Mix aus informativem Content und gezielter Produktförderung bietet. Dieser Ansatz, häufig durch das 80/20-Prinzip illustriert, impliziert, dass der Großteil der Inhalte – etwa 80% – darauf abzielen sollte, einen echten Mehrwert für das Publikum zu schaffen, während die verbleibenden 20% der direkten Promotion der Produkte oder Dienstleistungen gewidmet sind. Diese Methode ermöglicht es, eine überwältigende oder aggressive Verkaufshaltung zu vermeiden und stattdessen langfristige Beziehungen mit dem Publikum aufzubauen.

Der Schlüssel zum Erfolg im Affiliate-Marketing liegt in der Schaffung von Content, der sowohl informativ als auch unterhaltsam ist. Dies erfordert ein tiefes Eintauchen in die Bedürfnisse und Wünsche der Zielgruppe, um Inhalte zu kreieren, die Antworten auf ihre Fragen bieten und gleichzeitig über das reine Produktangebot hinausgehen. Detaillierte Produktbewertungen, umfassende Anleitungen und informative Blogbeiträge sind Beispiele für Inhalte, die potenziellen Kunden einen echten Mehrwert bieten können.

Bei der direkten Promotion ist es wichtig, eine subtile und durchdachte Herangehensweise zu wählen. Anstatt auf aggressive Verkaufstaktiken zu setzen, sollten Marken und Affiliates den Fokus darauf legen, den potenziellen Kunden den Nutzen des Produkts oder der Dienstleistung nahezubringen. Fallstudien, Erfolgsgeschichten oder Produktvorführungen, die aufzeigen, wie andere Kunden von dem Produkt profitiert haben, sind hierbei besonders effektiv.

Personalisierung und Segmentierung spielen ebenfalls eine entscheidende Rolle. Durch das Sammeln und Analysieren von Daten über die Zielgruppe können Affiliate-Marketer ihre Botschaften und Werbeaktionen auf die spezifischen Bedürfnisse und Interessen verschiedener Kundensegmente zuschneiden. Dies erhöht nicht nur die Relevanz der Marketingbemühungen, sondern verbessert auch die Chancen auf Konversionen.

Storytelling ist eine weitere wirkungsvolle Technik im Affiliate-Marketing. Geschichten, die die Zielgruppe ansprechen und mit denen sie sich identifizieren können, schaffen eine emotionale Verbindung zum Publikum. Indem die Geschichten aufzeigen, wie Produkte oder Dienstleistungen im realen Leben Anwendung finden, können sie besonders überzeugend sein.

Die Nutzung verschiedener Medienformate, wie Videos, Infografiken, Podcasts und interaktive Elemente, kann die Botschaft auf ansprechende und einprägsame Weise vermitteln. Jedes Format hat seine eigenen Stärken und kann dazu beitragen, verschiedene Aspekte der Produkte oder Dienstleistungen hervorzuheben.

Für eine effektive Affiliate-Marketing-Strategie ist es unerlässlich, kontinuierlich zu testen und zu optimieren. Durch A/B-Tests und das Sammeln von Nutzerfeedback können Affiliate-Marketer wertvolle Einblicke in die Effektivität ihrer Strategien gewinnen und entsprechende Anpassungen vornehmen.

Eine umfassende Strategie berücksichtigt alle Phasen der Customer Journey. Von der ersten Bewusstseinsbildung bis hin zur Kaufentscheidung sollte jeder Schritt mit angepassten Inhalten und Promotionen unterstützt werden.

Das Einbeziehen von Kundenfeedback und die Schaffung einer Community um die Marke können ebenfalls die Wirksamkeit der Affiliate-Marketing-Bemühungen erhöhen. Durch das Zuhören und Reagieren auf das Feedback des Publikums wird Vertrauen aufgebaut und die Angebote verbessert.

Cross-Promotion und das Finden von Synergien mit anderen Produkten oder Dienstleistungen bieten zusätzliche Möglichkeiten, das Publikum zu erreichen. Diese Kooperationen können die Reichweite der Botschaften erweitern und neue Kundensegmente erschließen.

Insgesamt ist es entscheidend, dass die Affiliate-Marketing-Strategie nicht nur auf den direkten Verkauf ausgerichtet ist, sondern echten Mehrwert bietet. Durch die Schaffung von qualitativ hochwertigen, relevanten und ansprechenden Inhalten und durch die sinnvolle Einbindung von Promotionen können langfristige Beziehungen zum Publikum aufgebaut und der Erfolg im Affiliate-Geschäft gesteigert werden. Eine solche Herangehensweise schafft eine Win-Win-Situation: Die Kunden erhalten die Informationen und Lösungen, die sie suchen, und die Affiliates können ihre Konversionsraten und damit ihre Einnahmen verbessern.

Die Herausforderung besteht darin, stets auf dem neuesten Stand der Markttrends zu bleiben und die Strategien entsprechend anzupassen. Die digitale Welt verändert sich schnell, und was heute funktioniert, ist morgen möglicherweise nicht mehr so effektiv. Affiliate-Marketer müssen daher agil bleiben, neue Entwicklungen im Auge behalten und bereit sein, ihre Strategien entsprechend anzupassen.

Zusammengefasst erfordert eine erfolgreiche Affiliate-Marketing-Strategie ein tiefes Verständnis für die Zielgruppe, kreative und ansprechende Inhalte, eine fortlaufende Optimierung basierend auf Daten und Feedback sowie eine flexible Anpassung an sich ändernde Marktbedingungen. Mit dieser umfassenden und durchdachten Herangehensweise können Affiliate-Marketer eine starke Präsenz im digitalen Raum aufbauen und nachhaltigen Erfolg erzielen.

Kapitel 7: Traffic in Einnahmen umwandeln: Tipps zur Monetarisierung

Nachdem Du eine treue Leserschaft aufgebaut hast, wird sich die Frage stellen, wie Du diesen Traffic in Einnahmen umwandeln kannst. Das siebte Kapitel unseres Buches beschäftigt sich mit den Strategien und Techniken, die Du anwenden kannst, um Dein Publikum zu monetarisieren. Von der Wahl des richtigen Affiliate-Programms bis hin zum Einsatz effektiver Call-to-Action: Dieses Kapitel wird Dir zeigen, wie Du Deine Marketingbemühungen in Einkünfte verwandelst.

7.1. Die besten Affiliate-Programme für Dich

Der Schlüssel zur Monetarisierung Deines Traffics liegt in der Auswahl der richtigen Affiliate-Programme. Doch was macht ein gutes Affiliate-Programm aus? Zunächst solltest Du Programme suchen, die Produkte oder Dienstleistungen anbieten, welche zu Deiner Nische und Deinem Publikum passen. Die Programme sollten auch eine anständige Provision bieten, eine hohe

Konversionsrate haben und das Vertrauen Deiner Zielgruppe genießen.

Es ist auch wichtig zu berücksichtigen, wie gut ein Programm zu Deinem Content und Deiner Marketingstrategie passt. Ist das Programm flexibel genug, um in Deine bestehenden Inhalte integriert zu werden, ohne aufdringlich zu wirken? Unterstützt es Deine Bemühungen, eine ehrliche und transparente Beziehung zu Deinem Publikum aufzubauen?

Darüber hinaus solltest Du Programme mit Qualitätsprodukten und -dienstleistungen auswählen, hinter denen Du wirklich stehen kannst. Dein Publikum wird Vertrauen in Dich und Deine Empfehlungen setzen; somit ist es essenziell, dass Du dieses Vertrauen nicht brichst, indem Du minderwertige Angebote bewirbst.

Schließlich ist es wichtig, Affiliate-Programme zu wählen, die solide Tracking- und Support-Systeme bieten. Als Affiliate solltest Du genau nachvollziehen können, wo Dein Traffic herkommt und wie gut er konvertiert. Ein starkes Support-Team kann zudem entscheidend dafür sein, wie effektiv Du Deine Kampagnen anpassen und optimieren kannst.

7.2. Optimiere Deinen Call-to-Action für höhere Conversion

Ein überzeugender Call-to-Action (CTA) ist entscheidend, um Dein Publikum dazu zu bringen, den letzten Schritt zu machen und auf Deine Affiliate-Links zu klicken. Dein CTA sollte klar, präzise und wirkungsvoll sein, sodass Deine Leser genau wissen, was sie tun sollen, und der Nutzen, den sie daraus ziehen, hervorgehoben wird.

Ein guter CTA spricht das Interesse und die Bedürfnisse Deiner Zielgruppe an. Er sollte mit dem Inhalt, in dem er platziert wird, in Beziehung stehen und das natürliche Ende einer Story oder eines informativen Stücks bilden, das die Leser bereits involviert und interessiert hat.

Die Platzierung des CTAs ist ebenfalls kritisch. Er sollte an einem natürlichen Punkt im Content platziert werden, an dem der Leser bereit ist, zu handeln. Ein CTA, der zu früh oder zu abrupt kommt, kann als störend empfunden werden und die Wahrscheinlichkeit einer Konversion mindern.

Teste verschiedene Arten von CTAs, um herauszufinden, welche die höchste Conversion-Rate haben. Nutze A/B-Tests, um verschiedene Formulierungen, Designs und Platzierungen zu vergleichen. Die laufende Optimierung Deines CTAs ist ein iterativer Prozess, der das Verständnis Deiner Zielgruppe vertieft und Deine Gesamtstrategie schärft.

7.3. Mobile Nutzer im Blick: Optimierung für Smartphone & Co

Im heutigen digitalen Zeitalter ist es unerlässlich, dass Dein Affiliate-Marketing für mobile Nutzer optimiert ist. Ein großer Teil des Internet Traffics kommt von Smartphones und Tablets, und dieser Anteil wächst stetig. Um Deinen Traffic effektiv zu monetarisieren, muss Dein Content und alle damit verbundenen Marketingaktivitäten für mobile Endgeräte optimiert sein.

Stelle sicher, dass Deine Website und alle Landing Pages mobilfreundlich sind. Sie sollten schnell laden, anpassbare Layouts bieten und leicht navigierbar sein. Überprüfe Deine Affiliate-Links und -Buttons auf die Nutzerfreundlichkeit auf mobilen Endgeräten – sie sollten deutlich sichtbar und einfach zu verwenden sein.

Auch Deine Inhalte sollten auf die mobilen Nutzerbedürfnisse zugeschnitten sein. Das bedeutet, dass lange Textwände vermieden und stattdessen kurze, prägnante und leicht verdauliche Inhalte verwendet werden sollten. Berücksichtige auch, dass mobile

Nutzer oft unterwegs sind und weniger Zeit haben, sich lange zu konzentrieren.

Social-Media-Plattformen, die stark von mobilen Nutzern frequentiert werden, wie Instagram und Pinterest, sollten in Deine Mobile-Marketingstrategie integriert werden. Nutze die Funktionen dieser Plattformen, wie beispielsweise Stories oder Shopping Tags, um Deine Affiliate-Produkte wirkungsvoll zu bewerben und direkt auf die Verkaufsseiten zu lenken.

Kapitel 8: Analytics und Messbarkeit: Deinen Erfolg verstehen

Analytics bieten einen wertvollen Einblick in das Verhalten Deines Publikums, die Effektivität Deiner Marketingstrategien und den Erfolg Deiner Inhalte. Diese Erkenntnisse sind unerlässlich, um fundierte Entscheidungen für Dein Affiliate-Marketing-Geschäft zu treffen. In diesem Kapitel dreht sich alles um das Messen, Verfolgen und Interpretieren von Daten, um Deine Bemühungen zu verfeinern, Deine Strategie zu optimieren und letztlich Deine Einnahmen zu maximieren.

8.1. Tracking-Tools und ihre Bedeutung für Dein Business

In der Welt des Online-Marketings gilt Analytics als das Kompass, das Navigationsgerät, das Dich zum Schatz führt: einem erfolgreichen Business. Tracking-Tools, wie Google Analytics oder RedTrack, Voluum, ClickMagick, etc., bieten Dir detaillierte Statistiken über fast alles, was auf Deiner Webseite oder auf Deinen Social-Media-Kanälen passiert: von grundlegenden Metriken wie Seitenaufrufen und Sitzungsdauer bis hin zu fortgeschrittenen Analysen wie Conversion-Pfaden und dem Verhalten spezifischer Nutzersegmente.

Um diese Tools effektiv zu nutzen, musst Du zunächst die entsprechenden Codes auf Deiner Seite korrekt implementieren. Sobald dies geschehen ist, kannst Du die Sammlung und Auswertung des Traffics beginnen. Du kannst sehen, welche Inhalte am besten abschneiden, wie Nutzer auf Deiner Seite navigieren und wo sie abspringen.

Die regelmäßige Überprüfung Deiner Analytics gibt Dir wertvolle Einblicke in Trends und Muster, die Du nutzen kannst, um die Performance Deiner Seite und Deiner Marketingkampagnen zu verbessern. Du kannst feststellen, welche Marketingkanäle den meisten Traffic liefern, welche Inhalte die höchste Engagement-Rate haben und welche Call-to-Actions am wirksamsten sind.

Das Verständnis dieser Daten ermöglicht es Dir, Deine Ressourcen dort zu investieren, wo sie den größten Impact haben. Es ermöglicht es Dir, schnell auf sich ändernde Trends zu reagieren und Deine

Strategie so anzupassen, dass sie immer den größtmöglichen
Nutzen hat.

8.2. Daten auswerten und zielgerichtet handeln

Data-Driven Marketing, also datengesteuertes Marketing, ist heute
der Goldstandard in der Branche. Es bedeutet, Entscheidungen
basierend auf Daten zu treffen, anstatt auf Annahmen oder
Vermutungen. Sobald Du Zugang zu den Daten hast, musst Du
lernen, sie zu interpretieren und in Aktionen umzusetzen.

Beginne mit den Grundlagen und richte Deine Aufmerksamkeit auf
die wichtigsten Kennzahlen: Besucherzahlen, Verweildauer,
Absprungrate und Conversions. Diese Metriken geben Dir einen
ersten Überblick über die Performance Deiner Webseite. Vertiefe
Deine Analyse, indem Du betrachtest, woher Deine Besucher
kommen – direkt, über Suchmaschinen, soziale Medien oder per
Referral.

Ergründe, welche Seiten und Inhalte am effektivsten sind und
warum. Gibt es Muster in den Artikeln oder Angeboten, die hohe
Conversion-Raten aufweisen? Wende Dich den Bereichen zu, in
denen die Performance noch ausbaufähig ist, und überlege, was
optimiert werden kann.

Es ist auch hilfreich, benutzerdefinierte Reports zu erstellen, die
genau die Daten anzeigen, die für Dein Business am relevantesten
sind. So verhinderst Du, dass Du in Daten ertrinkst, und kannst Dich
auf das Wesentliche konzentrieren.

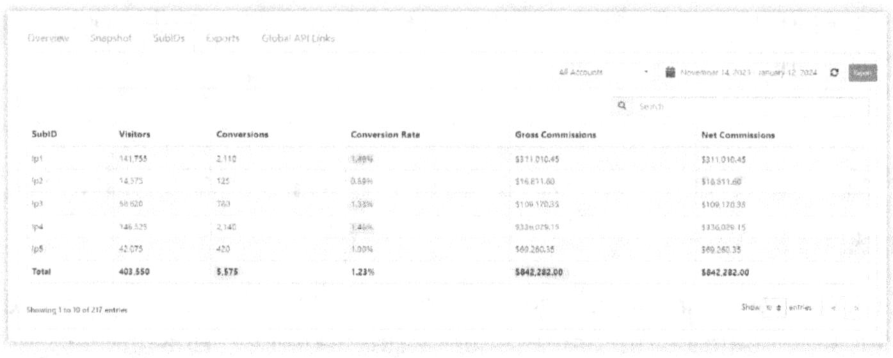

SubID	Visitors	Conversions	Conversion Rate	Gross Commissions	Net Commissions
lp1	141,755	2,110	1.49%	$311,010.45	$311,010.45
lp2	14,375	125	0.89%	$16,811.60	$16,811.60
lp3	58,620	783	1.33%	$109,170.35	$109,170.35
lp4	146,525	2,140	1.46%	$336,029.15	$336,029.15
lp5	42,075	420	1.00%	$69,260.35	$69,260.35
Total	403,550	5,575	1.23%	$842,282.00	$842,282.00

Overview   Snapshot   SubIDs   Exports   Global API Links

All Accounts — November 14, 2023 – January 12, 2024

Showing 1 to 10 of 217 entries

8.3. Entscheidungen auf Grundlage von Analytics treffen

Ein profunder Umgang mit Analytics bedeutet, die gesammelten Daten zu nutzen, um informierte Entscheidungen für Deine zukünftigen Affiliate-Marketing-Bemühungen zu treffen. Es geht darum, die Strategien zu identifizieren, die funktionieren, und diejenigen auszumerzen, die keine Ergebnisse zeigen.

Setze Dir regelmäßige Termine, um Deine Analytics zu überprüfen und darauf basierend Anpassungen vorzunehmen. Solltest Du feststellen, dass bestimmte Seiten oder Kampagnen nicht die erwarteten Conversions liefern, ist es Zeit, zu hinterfragen und zu ändern. Nutze A/B-Tests, um zu sehen, welche Änderungen Verbesserungen bringen, und implementiere sie dann auf breiterer Basis.

Gleichzeitig kann die Beobachtung von Daten Trends aufzeigen, die Du möglicherweise für Dein Marketing nutzen kannst. Vielleicht gibt es saisonale Muster, die Du für zukünftige Kampagnen berücksichtigen kannst, oder es gibt eine überraschend hohe Response auf ein bestimmtes Thema, das Du weiter vertiefen kannst.

In diesem Kapitel haben wir uns mit den entscheidenden Aspekten von Analytics und deren Nutzung für Dein Affiliate-Marketing beschäftigt. Deine Fähigkeit, Daten zu analysieren und darauf zu reagieren, wird ein wesentlicher Faktor für den Erfolg eines jeden Aspekts Deines Unternehmens sein. Im folgenden Kapitel werden wir verstehen, wie Du aktuelle Trends erkennst und nutzt, um Deine Marketingstrategien weiter zu schärfen und Deinen gesamten Affiliate-Marketing-Ansatz zu festigen.

Kapitel 9: Trendanalyse und Marktbeobachtung: Immer am Puls der Zeit

In der rasanten Welt des Internets kann das, was heute angesagt ist, morgen schon wieder vergessen sein. Trends kommen und gehen, aber ihre Wellen können beträchtliche Auswirkungen auf Dein Affiliate-Marketing haben. In diesem Kapitel werfen wir einen Blick darauf, wie Du aktuelle Trends erkennst, ihre Relevanz für Deine Nische beurteilst, und wie Du sie zu Deinem Vorteil nutzen kannst. Erfahre, wie Du auf dem Laufenden bleiben und Deine Strategien rechtzeitig anpassen kannst, um die sich ständig ändernden Wünsche und Bedürfnisse Deines Publikums zu erfüllen.

9.1. Trends frühzeitig erkennen und nutzen

Die Identifizierung von Trends erfordert eine Kombination aus Wachsamkeit, Intuition und Forschung. Halte Ausschau nach aufkommenden Bewegungen in sozialen Medien, neuen Themen in Blogs und Foren sowie nach Mustern in Suchanfragen. Tools wie Google Trends oder BuzzSumo können Dir dabei helfen, einen Überblick darüber zu bekommen, was gerade an Popularität gewinnt.

Social Listening ist eine mächtige Technik, um zu verstehen, worüber Deine Zielgruppe spricht und sich begeistert. Verfolge Hashtags, beobachte Diskussionen in relevanten Online-

Communitys und achte auf die Konversationen, die gerade stattfinden. Wenn Du bemerkst, dass ein Thema immer wieder auftaucht, könnte das ein Anzeichen für einen aufkommenden Trend sein.

Die frühere Erkennung von Trends gibt Dir die Möglichkeit, als einer der Ersten relevanten Content dazu anzubieten, was Dich als einen Vordenker in Deiner Nische etablieren kann. Sei jedoch bereit, schnell zu handeln, denn ein Trend wartet nicht darauf, dass Du aufschließt – er verändert sich ständig.

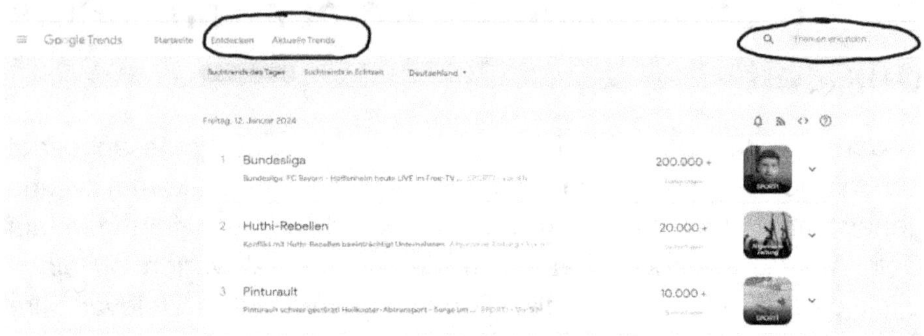

9.2. Bestimme die Relevanz von Trends für Deine Nische

Nicht jeder Trend ist für Dein Business relevant. Es ist wesentlich, den Trend auf seine Bedeutung für Deine Nische hin zu analysieren. Frage Dich: Passt dieser Trend zu meinen Markenwerten und den Interessen meines Publikums? Kann ich diesen Trend nutzen, um meinen Content oder das angebotene Produkt in einem neuen, interessanten Licht zu präsentieren?

Berücksichtige, wie der Trend die Probleme oder Bedürfnisse Deiner Zielgruppe anspricht. Wenn ein Trend direkt mit dem resoniert, was Dein Publikum sucht oder benötigt, ist das Potenzial für Konversionen erheblich. Achte außerdem darauf, wie sich ein

Trend auf das Kaufverhalten auswirken könnte und ob er neue, interessante Affiliate-Produkte oder Dienstleistungen in den Fokus rückt.

Es ist auch wichtig zu bewerten, ob der Trend langfristiges Potenzial hat oder nur ein vorübergehendes Phänomen darstellt. Einige Trends entwickeln sich zu dauerhaften Veränderungen in einem Markt, während andere schnell wieder verschwinden. Deine Entscheidung, in einen Trend zu investieren, sollte auf einer Einschätzung seiner Nachhaltigkeit basieren.

9.3 Reaktion auf abflachende Trends und Marktdynamiken

Ebenso wichtig wie das Erkennen von Trends ist es zu wissen, wann es Zeit ist, einen Trend loszulassen. Trends haben eine Lebensdauer – sie blühen auf, erreichen ihren Höhepunkt und flachen dann ab. Indem Du Deine Analytics im Auge behältst, kannst Du sehen, wann ein Trend an Zugkraft verliert, was sich in sinkenden Suchvolumina, geringerem Engagement und schwächeren Verkaufszahlen zeigen kann.

Sei bereit, Deine Strategien anzupassen, wenn ein Trend an Bedeutung verliert. Das kann bedeuten, Deinen Content zu diversifizieren, neue Themen zu erforschen oder Deine Promotions zu ändern. Flexibilität und Anpassungsfähigkeit sind Schlüssel, um relevant zu bleiben und Dein Publikum auch in veränderlichen Zeiten zu behalten.

Verfolge außerdem die Konkurrenz und wie sie auf Trends reagiert. Manchmal kann ein Trend abflachen, weil er übersättigt wurde. Achte darauf, nicht nur dem Trend zu folgen, sondern auch einen Mehrwert zu bieten, der Dich von anderen abhebt.

Dieses Kapitel gibt Dir das Rüstzeug, um Trends zu erkennen, ihre Relevanz zu beurteilen und entsprechend zu handeln. Im kommenden Kapitel werden wir die Fehler untersuchen, die Du vermeiden solltest, sowie Erfolgsstrategien, die Dir helfen, Dein Affiliate-Marketing-Geschäft langfristig erfolgreich zu gestalten.

Kapitel 10: Fallen und Fehler vermeiden: Lernen für den Langzeiterfolg

Der Weg zum Affiliate-Marketing-Erfolg ist häufig gepflastert mit Herausforderungen und Hürden. Manchmal können die größten Hindernisse auf diesem Weg die Fehler sein, die wir selbst machen. In diesem entscheidenden Kapitel offenbaren wir die häufigsten Stolperfallen und wie Du sie vermeiden kannst. Wir werden Techniken und Mindset-Ansätze untersuchen, die Dir helfen, die Fallen zu umgehen und Deine Affiliate-Marketing-Anstrengungen zu stärken, um eine nachhaltige Karriere aufzubauen.

10.1. Häufige Hürden und wie man sie meistert

Jeder Weg zum Erfolg beinhaltet Hindernisse, und das Affiliate-Marketing ist da keine Ausnahme. Zu den häufigsten Hürden gehören der Umgang mit Ablehnung, die Überwindung von technischen Herausforderungen und die schwierige Balance zwischen Geduld und der Notwendigkeit, schnell zu handeln. Ablehnungen und Misserfolge können demotivierend sein, sind aber, wenn sie richtig interpretiert werden, ein wichtiger Teil des Lernprozesses. Diese „Fehlschläge" bieten wertvolle Lektionen, die Dir langfristig ein besseres Verständnis für das geben, was funktioniert und was nicht.

Eine der größten Hürden im Affiliate-Marketing ist die Stelgerung des Website-Traffics und die Verbesserung der Konversionsraten. Einen stetigen Strom von Besuchern auf Deine Seite zu lenken und diese dann erfolgreich zu konvertieren, erfordert ein tiefes Verständnis Deiner Zielgruppe und die Fähigkeit, wirksame Marketingstrategien umzusetzen. Ein holistischer Ansatz, der SEO, Content-Marketing, E-Mail-Marketing und Social-Media-Marketing einschließt, kann hier helfen.

Technische Herausforderungen sind ein weiteres häufiges Hindernis. Die Welt des Internets ist komplex und ständig im Wandel. Es ist notwendig, auf dem Laufenden zu bleiben, was neue Tools, Plattform-Updates und Änderungen in den Algorithmen der wichtigsten Suchmaschinen und sozialen Netzwerke angeht.

Geduld zu bewahren ist vielleicht die schwierigste Hürde. Oft müssen Affiliate-Marketer Monate oder Jahre an hartnäckiger Arbeit leisten, bevor sie die Früchte ihrer Arbeit ernten können. Dabei ist es wichtig, die langfristige Vision nicht aus den Augen zu verlieren und kleine Rückschläge als Teil des Weges zu akzeptieren.

10.2. Die Wichtigkeit eines Businessplans im Affiliate-Marketing

Ein solider Businessplan ist das Fundament eines jeden erfolgreichen Unternehmens, gleich, ob im Affiliate-Marketing oder in anderen Bereichen. Viele Affiliate-Marketer machen den Fehler, ohne klare Strategie oder Plan zu beginnen, was oft zu Zeitverschwendung und Ineffizienz führt.

Ein Businessplan hilft Dir, Deine Ziele klar zu definieren, Deine Ressourcen zu planen und die Schritte festzulegen, die notwendig sind, um diese Ziele zu erreichen. Er schafft einen Rahmen für Dein Geschäft und dient als Wegweiser, der Dich auf Kurs hält.

Zu den Elementen eines robusten Businessplans gehören Marktanalysen, Zielgruppenbetrachtungen, SWOT-Analysen (Stärken, Schwächen, Chancen und Risiken) und klare Finanzprognosen. Ein durchdachter Plan berücksichtigt auch potenzielle Herausforderungen und wie diese gemeistert werden können.

Ein weiterer Punkt, der oft übersehen wird, ist die Skalierbarkeit. Dein Businessplan sollte nicht nur aufzeigen, wie Du Dein Affiliate-Geschäft starten kannst, sondern auch, wie es wachsen und sich entwickeln kann.

10.3 Bedeutung und Aufbau einer E-Mail-Liste

Eine E-Mail-Liste im Affiliate-Marketing ist weit mehr als eine Ansammlung von Adressen; sie ist ein direkter Kanal zu einem interessierten und engagierten Publikum. Im Gegensatz zu den flüchtigen Besuchern Deiner Website, bei denen Du nicht sicher sein kannst, ob sie zurückkommen werden, ermöglicht Dir eine E-

Mail-Liste, eine dauerhafte Verbindung zu Personen aufzubauen, die ihre Bereitschaft zum Dialog mit Dir signalisiert haben.

Der Aufbau einer solchen Liste beginnt mit der Schaffung von wertvollem Inhalt oder Angeboten, die Besucher Deiner Website dazu motivieren, ihre E-Mail-Adresse zu hinterlassen. Dies könnte ein kostenloses E-Book, ein informativer Newsletter oder der exklusive Zugang zu speziellen Angeboten sein. Der Schlüssel liegt darin, einen Mehrwert zu bieten, der stark genug ist, um den Austausch der E-Mail-Adresse zu rechtfertigen.

Sobald Du eine Liste aufgebaut hast, ist es entscheidend, sie sorgfältig zu pflegen. Dies bedeutet, maßgeschneiderte und personalisierte Nachrichten zu senden, die sowohl Relevanz als auch Interesse bei Deinen Abonnenten wecken. Durch E-Mail-Marketing kannst Du Deine Beziehung zu Deinen Abonnenten stärken und sie effektiv durch den Verkaufsprozess führen.

Im Gegensatz zu unpersönlichen Cold-Emails, die oft als aufdringlich empfunden werden, hast Du mit Deiner E-Mail-Liste die Chance, eine echte Verbindung aufzubauen. Deine Abonnenten haben sich aktiv dafür entschieden, von Dir zu hören, was zu einer höheren Engagement- und Konversionsrate führt.

Mit den Kenntnissen, die Du im Kapitel über Analytics erworben hast, kannst Du die Leistung Deiner E-Mail-Kampagnen analysieren und bewerten. Dies gibt Dir die Möglichkeit, Deine Kommunikation zu optimieren und die Konversionsraten zu steigern.

Dieses Kapitel zeigt nicht nur die Herausforderungen auf, denen Du im Affiliate-Marketing begegnen wirst, sondern auch, wie Du Dich darauf vorbereiten und sie zu Deinem Vorteil nutzen kannst. Im nächsten Schritt wirst Du bereit sein, die Feinheiten zu verfeinern und Strategien zu entwickeln, die Dein Affiliate-Marketing-Geschäft sichern und langfristigen Erfolg gewährleisten.

KOSTENLOSES GESCHENK für DICH!

Schlage **jetzt** zu und erhalte als **KOSTENLOSEN BONUS - DREI ZUGABEN** zum passenden Kurs zu diesem Buch als Dankeschön für Dein Interesse!

Besuche https://wolfgangsaris.com/go/kursaff-bonus oder scanne den QR-Code, um Dir Deinen BONUS zu sichern!

https://wolfgangsaris.com/go/kursaff-bonus

Empfohlene Affiliate-Marktplätze

Hier sind einige Affiliate-Marktplätze, die Du für Deine Recherche nutzen kannst:

- **Digistore24:** https://www.digistore24.com

Ein umfassender digitaler Marktplatz, der eine Vielzahl von Produkten und Dienstleistungen bietet. Ideal für Affiliates, die in verschiedenen Nischen aktiv sein möchten.

- **BuyGoods:** https://www.buygoods.com

Eine Plattform, die hochwertige Produkte und Dienstleistungen anbietet, ideal für Affiliates, die sich auf gesundheits- und wellnessbezogene Nischen konzentrieren möchten.

- **ClickBank:** https://www.clickbank.com

Ein bekannter Online-Marktplatz, der sich auf digitale Produkte konzentriert. Besonders beliebt für sein breites Angebot an E-Books, Kursen und Software.

- **AdCell:** https://www.adcell.de

Ein Affiliate-Netzwerk, das eine breite Palette von Programmen anbietet, von digitalen Produkten bis hin zu physischen Waren.

- **Verve Direct:** https://www.vervedirect.com

Spezialisiert auf leistungsstarke Marketingkampagnen, bietet Verve Direct eine Vielzahl von Affiliate-Programmen, besonders geeignet für Affiliates, die auf schnelle und effektive Ergebnisse setzen.

- GiddyUp: https://www.giddyup.io

Ein Partnerprogramm-Netzwerk, das sich auf qualitativ hochwertige Produkte und exklusive Angebote konzentriert, ideal für Affiliates, die nach einzigartigen und weniger gesättigten Märkten suchen.

- Squaredance: https://www.squaredance.com

Ein dynamisches Affiliate-Netzwerk, das innovative Tools und Ressourcen bietet, um Affiliates bei der Optimierung ihrer Kampagnen zu unterstützen.

Jeder dieser Marktplätze bietet einzigartige Möglichkeiten und Produkte, die auf verschiedene Arten von Affiliates zugeschnitten sind. Es lohnt sich, sie zu erforschen, um die besten Partnerprogramme für deine spezifischen Bedürfnisse und Ziele zu finden.

Schlusswort

Jetzt loslegen und Geld im Internet verdienen

Herzlichen Glückwunsch! Du hast soeben den letzten Abschnitt von "Affiliate-Marketing Entschlüsselt: Dein Weg zum Online-Erfolg" abgeschlossen. Dieses Buch war als Leitfaden gedacht, um Dir das Verständnis und den Wert des Affiliate-Marketings näherzubringen, Dich durch dessen Mechanismen zu führen und Dir starke sowie notwendige Strategien an die Hand zu geben, mit denen Du einflussreiches Affiliate-Marketing betreiben und damit im Online-Bereich erfolgreich sein kannst.

Ich hoffe, dass Dir dieses Buch das nötige Wissen und die Einblicke vermittelt hat, um den ersten Schritt zu wagen und Dein Business von Grund auf bis zum Erfolg zu entwickeln. Von der Bedeutung der richtigen Einstellung, über kraftvolle Praktiken, um Dein Mindset zu stärken, bis hin zum Verständnis der Logistik Deines Geschäfts und dem Erstellen von Marketingstrategien, die Dich auf dem Weg zum Erfolg unterstützen, sollte dieses Buch alles bieten, was Du brauchst.

Nun liegt es an Dir, dieses Wissen zu nutzen und in Aktion zu treten. Der Schlüssel zum Erfolg im Affiliate-Marketing liegt nicht nur im Verstehen der Theorie, sondern vor allem in der praktischen Umsetzung. Die nächsten Schritte erfordern Mut, Ausdauer und den unerschütterlichen Glauben an den eigenen Erfolg.

Der Weg des Affiliate-Marketings ist spannend und bereichernd. Während Du Dein eigenes Affiliate-Business aufbaust, wirst Du ständig vor neue Möglichkeiten und Herausforderungen gestellt werden. Behalte eine flexible und lernwillige Haltung bei und sei bereit, Dich bei Bedarf schnell anzupassen. Die digitale Landschaft verändert sich rasch, und ein erfolgreicher Affiliate-Marketer zu sein, bedeutet, auf dem Laufenden zu bleiben und die aktuellen besten Praktiken zu nutzen.

Mit jedem neuen Schritt wirst Du wachsen – nicht nur als Geschäftsperson, sondern auch als Individuum. Du wirst Fähigkeiten entwickeln, die weit über das Affiliate-Marketing hinausgehen: strategisches Denken, Kreativität, Problemlösung und vieles mehr.

Zum Abschluss möchte ich Dir tiefen Dank aussprechen – dafür, dass Du mir auf dieser Reise Dein Vertrauen geschenkt hast und dafür, dass Du die Entschlossenheit zeigst, etwas Neues zu lernen und zu wagen. Affiliate-Marketing ist kein einfacher Weg zum schnellen Reichtum; es ist eine authentische Möglichkeit, sich persönlich und beruflich weiterzuentwickeln und ein nachhaltiges Einkommen zu erzielen.

Ich freue mich darauf, Dich auf Deinem weiteren Weg zu begleiten, sei es durch zukünftige Publikationen, zusätzliche Ressourcen oder unterstützende Gemeinschaften. Denke daran: Die größte Limitierung auf dem Weg zum Erfolg sind nicht die Herausforderungen selbst, sondern lediglich unsere Antwort darauf. Bleibe inspiriert, motiviert und vor allem aktiv. Das Abenteuer des Affiliate-Marketings wartet darauf, von Dir erobert zu werden.

In diesem Sinne: Jetzt loslegen und Geld im Internet verdienen!

Zusammenfassung

Das Buch "Affiliate-Marketing Entschlüsselt: Dein Weg zum Online-Erfolg" hat Dich auf eine Reise durch die facettenreiche Welt des Affiliate-Marketings genommen. Du hast entdeckt, was Affiliate-Marketing wirklich ist, wie es funktioniert und wie Du es mithilfe kraftvoller Strategien zu Deinem Vorteil nutzen kannst. Diese abschließenden Worte dienen nicht nur als Zusammenfassung dessen, was Du gelernt hast, sondern auch als zusätzliche Inspiration und Ermutigung, während Du die nächsten Schritte auf dem Weg zum Aufbau eines erfolgreichen Online-Geschäfts gehst.

Das Affiliate-Marketing bietet Dir unzählige Möglichkeiten, online Einkommen zu generieren. Jedoch ist der Schlüssel zum Erfolg nicht nur das reine Wissen, sondern auch die zielgerichtete Anwendung dieses Wissens. Das Verständnis der Grundlagen und die fortlaufende Anpassung Deiner Strategien an die sich ständig ändernde digitale Landschaft sind entscheidend für langanhaltende Erfolge.

Deine persönliche Einstellung, Dein Mindset, ist das Fundament, auf dem all Deine Bemühungen im Affiliate-Marketing aufbauen. Ohne die richtige Geisteshaltung, die Deine Ziele, Deinen Antrieb und Deinen Glauben an Deinen Erfolg umfasst, kann keine Strategie wirksam werden. Du hast gelernt, dass das Manifestieren von Erfolg oft mehr mit Überzeugung als mit Taktik zu tun hat.

Die Auswahl Deiner Nische, das Verständnis für Dein Publikum und die erfolgreiche Positionierung Deiner Marke waren Kernthemen des Buches. Dein Branding ist Deine Visitenkarte in der digitalen Welt und beeinflusst maßgeblich, wie Vertrauen und Glaubwürdigkeit bei Deinem Publikum aufgebaut werden.

Durch effektive Content-Strategien, die ausführlich beleuchtet wurden, schaffst Du es, Dein Publikum nicht nur zu erreichen, sondern auch zu konvertieren und treue Kunden zu gewinnen. Das betrifft die Erstellung von Inhalten, die angeklickt, geteilt und geschätzt werden sowie deren Verbreitung über die richtigen Kanäle.

Die Monetarisierung Deines Traffics war ein weiterer entscheidender Aspekt. Du hast gelernt, wie wichtig es ist, die besten Affiliate-Programme für Dich zu wählen, Deine Call-to-Actions zu optimieren und Dein Business für mobile Nutzer zugänglich zu machen.

Das Verständnis und die Nutzung von Analytics ermöglichen es Dir, Deine Strategien auf Basis fundierter Daten zu optimieren. Du hast die Bedeutung von Tracking-Tools kennengelernt und wie Du durch Datenanalyse die Wirksamkeit Deiner Bemühungen bewerten kannst.

Mit der Bedeutung von Trends und Marktdynamiken hast Du Dir das Wissen angeeignet, um Deine Strategien zeitnah und zielgerichtet anpassen zu können. Dieses Buch hat Dir Werkzeuge zur Identifizierung von Trends an die Hand gegeben und Dir gezeigt, wie Du sie analysierst und für Dein Business nutzt.

Abschließend hast Du erfahren, welche häufigen Fehler es zu vermeiden gilt und wie Du einen soliden Businessplan erstellst, der Dich durch die stürmischen Gewässer des Affiliate-Marketings navigiert. Die Wichtigkeit einer E-Mail-Liste wurde hervorgehoben, die es Dir ermöglicht, direkte und persönliche Verbindungen zu Deinem Publikum aufzubauen.

Dieses Buch ist der Startpunkt für Deine weiterführende Reise im Affiliate-Marketing. Setze das Wissen, das Du erworben hast, in die Praxis um. Vertraue dem Prozess, sei geduldig und halte an Deinem Ziel fest. Dort, wo dieses Buch endet, fängt Deine nächste Phase an – höre niemals auf zu lernen, zu wachsen und neue Techniken zu entdecken, um Dein Online-Business stetig voranzubringen.

Linkliste

Abschließend möchten wir Dir noch eine kleine Liste an nützlichen Links zur Verfügung stellen, die Dir auf Deinem Weg zum eigenen Affiliate-Business behilflich sein können. Einigen dieser Links bist Du bereits im Fließtext begegnet, andere zeigen Dir weiterführende Hilfestellungen an, die bislang noch nicht thematisiert wurden.

- https://ads.google.com/aw/keywordplanner/home

Hier kannst Du u. a. schauen, welche Nische für Dich geeignet ist und wie diese durch Nutzer und Anbieter frequentiert wird. Wenn Du hier Deine Themenidee eingibst, erhältst Du zudem nützliche Informationen zu den Keywords, deren Verwendung von anderen Anbietern und dem Suchvolumen.

- https://ads.google.com/intl/de_de/home/

Über diesen Link kannst Du Dich bei Google AdWords (neu Google Ads) schlau machen, wie Du per Werbeanzeigen bei Google schneller in den Suchmaschinen gefunden und Werbeanzeigen schalten kannst.

- https://www.digistore24.com/

- https://www.100partnerprogramme.de/

- https://www.clickbank.com/

- https://www.adcell.de/

Unter den obenstehenden Links findest Du etablierte Affiliate-Marktplätze, die Dir u. a. bei der Wahl eines geeigneten Partnerprogramms behilflich sind.

- https://de.wikipedia.org/wiki/Affiliate-Marketing

- https://www.gruender.de/online-marketing/affiliate-marketing/

- https://www.affiliate-marketing-tipps.de/affiliate-marketing/was-ist-affiliate-marketing-wie-funktioniert-es/100115/

- https://onlinemarketing.de/affiliate-marketinghttps://www.businessinsider.de/gruenderszene/allgemein/affiliate-marketing-tipps/

Über diese Links kannst Du Dich weiterführend zum Thema „Affiliate-Marketing" informieren.

- https://unternehmer.de/lexikon/online-marketing-lexikon/pay-per-lead

- https://unternehmer.de/lexikon/online-marketing-lexikon/pay-per-click

Diese Links helfen Dir, Dich weiterführend zu den Formaten Pay-per-Lead sowie Pay-per-klick zu informieren.

Über den Autor

Wolfgang Saris, ein renommierter Experte im Bereich des Online-Marketings, hat sich durch seine umfassende Erfahrung und sein profundes Wissen in der Welt des digitalen Handels einen Namen gemacht. Mit einer beeindruckenden Bilanz von mehreren Millionen Euro, die er durch Affiliate-Marketing, E-Commerce und Online-Marketing erwirtschaftet hat, steht Wolfgang als leuchtendes Beispiel für den Erfolg in der digitalen Wirtschaft.

Seine Expertise erstreckt sich über ein breites Spektrum von Plattformen und Strategien. Besonders hervorzuheben sind seine Fähigkeiten in der Nutzung von Facebook, Google Ads und TikTok, wo er nicht nur innovative Werbemethoden einsetzt, sondern auch zielgerichtete und effektive Kampagnen entwickelt hat. Wolfgang ist auch für sein ausgeklügeltes Retention-Marketing bekannt, insbesondere durch den Einsatz von E-Mail-Marketing, womit er dauerhafte Kundenbeziehungen aufbaut und pflegt.

Mit seiner Leidenschaft für Wissensvermittlung und Bildung hat Wolfgang Saris zahlreiche Ressourcen wie Videos, Blogs und E-Books geschaffen. Diese Materialien sind für ein breites Publikum konzipiert, egal ob es um aktuelle Erkenntnisse in der Welt des Online-Marketings geht, um praktische Tipps für Selbstverbesserung und Psychologie oder um einfache und effektive Lösungen für den Alltag. Sein Ziel ist es, Menschen zehnmal hungriger nach Wissen zu machen als nach Essen.

Wolfgang ist fest davon überzeugt, dass Information und Bildung der Schlüssel zu Erfolg und Fortschritt sind. Er strebt danach, die erste Anlaufstelle für all jene zu sein, die nach Antworten suchen, Neues entdecken möchten oder einfach nur ihren Wissensdurst stillen wollen. In seiner Rolle als Gründer und Leiter von SLZ Commerce Consulting LLC bringt Wolfgang Saris sein Fachwissen und seine Erfahrungen ein, um anderen zu helfen, in der sich ständig verändernden Welt des Online-Marketings erfolgreich zu sein.

Denken Sie daran, ein einfaches "Was?" kann oft der Beginn einer aufschlussreichen Reise sein. Wolfgang Saris ist hier, um Sie auf dieser Reise zu begleiten und zu unterstützen.

- SLZ Commerce Consulting LLC

Copyright

Copyright © 2024

SLZ Commerce Consulting LLC

St. Petersburg Street 1, Office 48

0102 Tbilisi, Georgien

Georgia

E-Mail: contact@slzcommerce.com

dankbar für diesbezügliche Hinweise. Jegliche Haftung ist ausgeschlossen, alle Rechte bleiben vorbehalten.

Auflage 1 - Januar 2024

Autor: Wolfgang Saris

Bildrechte & Lizenzen

Alle verwendeten Bilder erfordern laut Lizenz keine Namensnennung.